BIBLIOGRAPHIE SPORTIVE

LE DRIVING EN FRANCE

Tiré à 250 Exemplaires, dont :

5 sur papier du Japon, n⁰ˢ 1 à 5.
20 sur papier de Hollande, n⁰ˢ 6 à 25,

Nº

MAMERS. — TYP. G. FLEURY ET A. DANGIN. — 1898.

COMTE G. DE CONTADES

BIBLIOGRAPHIE SPORTIVE

LE

(1547 — 1896)

PARIS

LIBRAIRIE ROUQUETTE

69, Passage Choiseul, 73

1898

LES LIVRES
ET
LES VOITURES

LES livres consacrés au Driving sont en très petit nombre et nul encore n'a songé à en établir la liste. Nous le faisons ici, ce qui nous semble chose juste, car les livres sont bien un peu les obligés des voitures. Nés souvent de la fantaisie d'un voyageur, au bruit des sonnailles des chaises de poste, ils sont plus goûtés que jamais en l'oisiveté d'une route, qui permet si bien de se perdre en quelque histoire, et, au moment d'un départ, ils sont toujours recherchés par ceux qui veulent mettre en chemin leur esprit comme leur corps. C'est cette dette des livres vis-à-vis des véhicules que nous allons tâcher d'acquitter en ce travail, décrivant et analysant, parfois, les très rares volumes relatifs au Driving en France, que nous avons pu recueillir.

*L'histoire des livres, publiés dans notre pays et nous parlant des voitures ne remonte qu'au milieu du XVIᵉ siècle. Les ouvrages imprimés à la fin du siècle précédent ne nous en disent rien, et nous ne saurions placer, en tête de cet historique, des textes antérieurs à l'invention de l'imprimerie et produits longtemps après, tels que l'ordonnance de Philippe-le-Bel, prescrivant que « nulle bourgeoise n'aura char », et la chronique de Charles VI, par Juvénal des Ursins, qui nous montre la reine Isabeau entrant à Paris « à grandes pompes tant de litières, chariots branlants et haquenées que d'autres divers parements ». Et c'est dommage, car nous aurions plaisir à transcrire de gracieux **vers,** comme ceux des Vigiles de Charles VII :*

> Tous les harnois et les chevaux
> Estoient de fin argent ferrez.
> Puis les chariots et cerceaux
> Des dames par en haut dorez.

Et encore, au XVIᵉ siècle, ne rencontrons-nous que fort peu de chose. C'est d'abord, en 1547, un poème de Marguerite d'Angoulême, reine de Navarre, donné dans la Marguerite de la Marguerite des princesses. *La reine qui, s'il faut en croire Brantôme, composait des nouvelles en sa litière, où la mère du chroniqueur lui tenait l'écritoire, se plaisait à dire des contes dans sa coche. Elle intitule même* la Coche *une*

*assez longue pièce, dans laquelle elle ne parle
qu'incidemment, et sans le décrire, de son véhicule royal. Une averse, mettant fin à de joyeux
devis par les prés, l'y fait rentrer ainsi que ses
compagnes :*

> La pluye en creut, lors chacune descoche,
> Et toutes trois nous mismes en la coche.

*Puis l'on revient au logis et l'on trouve un
brillant soleil ; scènes pittoresques de beau et de
mauvais temps, curieusement reproduites dans
deux fines gravures sur bois.*

Mais la coche bientôt doit passer au masculin et fournir à Michel Montaigne le titre de son célèbre chapitre des Coches. Nous disons le texte, car les coches de l'immortel essayiste versent, dès le début, dans l'érudition, la morale et la politique, sans doute parcequ'il haïssait, et en la ville et aux champs, « toute autre voiture que de cheval ».

Nul ouvrage technique ne paraît encore, mais nous pouvons voir, dans le Livre premier des instruments mathématiques et mécaniques de Jacques Besson, un « chariot nouveau et royal plus commode et plus ample que les vulgaires ». A l'étranger, nous rencontrerons davantage. Le charron, der wagner, et le sellier, der sattler, ont un article, en Allemagne, dans le livre consacré aux arts et métiers par Hartmann Shopper, *pendant qu'en Italie, Garzoni, dans la* Piazza universale di professionni, *parle des* carratieri o cocchieri, *cochers jadis dieux et héros, aujourd'hui simplement* seruitori da stalla.

*Au XVII*e *siècle, où l'histoire des véhicules débute si dramatiquement par le meurtre du roi Henri, nous ne rencontrerons guère d'ouvrages techniques. A peine, et en 1691, une sorte d'encyclopédie minuscule en trois langages, le* Miroir de l'art et de la nature, des sciences et des métiers, *par Franqueville, qui traite, en deux chapitres, des charriots et des voitures. Les érudits consultent bien l'ouvrage de Jean Sheffer,* de Re vehiculari, *publié à Francfort, en 1672. Mais ce livre, placé dans la bibliothèque des Vadius de tous pays, ne daigne point nous parler des voitures contemporaines.*

*Les maîtres ornemanistes nous renseigneront mieux, et, au XVII*e *siècle, comme à toutes les époques, l'iconographie sera, relativement aux véhicules, plus riche que la bibliographie. Jacques Callot et Abraham Bosse, dès le commencement du siècle, montrent de merveilleux chars de fête. Jean Le Pautre, en 1651, et, vers 1675, les frères Loir donnent de très précieux dessins pour l'embellissement des carrosses et chaises roulantes. Enfin, nous trouvons, parmi les œuvres attribuées à Jean Berain, le père, les six belles planches de carrosses dorés, « dont les panneaux* *sont de glaces de miroir et les clous de cristal ». Le luxe des équipages s'était, en effet, accru au cours du siècle, au point de motiver de petits édits somptuaires que le bibliographe ne saurait négliger, tels que celui du 26 octobre 1656, portant règlement « sur les passemens d'or et d'argent et dorures des carrosses, chaises et calèches ».*

Et ces carrosses, qui éblouissaient les regards des passants, commencèrent à paraître dans les œuvres d'imagination, romans, poëmes et nouvelles. Ils y furent bientôt raillés, pour cause de ridicule ou de prétention, par les humoristes de Paris et de la province. Scarron, en son Roman comique, *fait défiler plaisamment tous les véhicules du Maine : charrette des comédiens, brancard du curé de Domfront, carrosse de la noblesse campagnarde. Elis de Bons se gausse, en son* Paranymphe de la Cour, *du carrosse mal attelé d'une douairière de Falaise,*

> Que quatre chevaux aveuglez
> Comme cottrez chargez de graisse,
> De vieux colliers rompus meublez,
> Traînoient en pleurant à la messe !

Et Dancourt nous montre, dans le Chevalier à la mode, *en la possession d'une certaine Mme Patin, « toute de clinquant, un carrosse doré, qui roule pour la première fois, deux chevaux gris pommelés à longues queues, un cocher à*

*barbe retroussée, et six grands laquais plus cha-
marrés de galons que les estafiers d'un carrousel ».
Une autre comédie possède un intérêt non-seule-
ment humoristique mais encore documentaire.
C'est* l'Intrigve des carrosses à cinq sovs, *de
Chevalier, représentée sur le théâtre royal du
Marais en 1662. Et, dans ces carrosses à cinq
sovs, un damoiseau,*

S'il vient s'encarrosser pour chasser son ennuy,

*tombe aux mains de belles « coquettes à l'afust
pour avoir sa finance », et ne peut s'en tirer*

Qu'il ne soit aussi sec qu'un paquet d'allumettes.

Jean de la Chapelle entasse dans les Carrosses
d'Orléans *« une plaideuse, qui ne parle que de ses
procès, une jeune provinciale, qui n'a jamais vu
Paris, un abbé, qui veut faire de l'esprit, un
Hollandais, qui à peine sait cinq à six mots de
français, et une bonne dame, qui, sans cesse, fait
arrêter pour rendre des tributs à la nature ».
Hauteroche nous révèle déjà, dans le* Cocher
supposé, *les ingénieuses friponneries des automé-
dons, qui s'entendent avec le sellier, le maréchal
et le charron « pour attraper de quoi boire ».*

*Enfin nos grands classiques immortalisent les
véhicules de leur siècle. Le Trissotin de Molière
éblouit les beaux esprits avec son carrosse ama-*

rante, où tant d'or se relève en bosse, et l'un des premiers fâcheux est tout fier de montrer au Cours une galèche *bien entendue. Et il a raison de ne point l'exposer en ces ruelles étroites dans lesquelles, sous les regards malicieux de Boileau, entre une charrette renversée et un troupeau de bœufs, une file de vingt carrosses*

Dans le même embarras se vient embarrasser;

tandis qu'au loin, en quelque pays perdu, six chevaux tirent le coche de La Fontaine en un chemin montant, sablonneux, malaisé.

Mme *de Sévigné devait plus que toute autre, depuis la Marguerite des Marguerites, goûter la douceur endormante des véhicules. Rencognée dans un carrosse,* « *l'on peut, dit-elle, rêver et rêver de suite* ». *Et l'on peut s'y amuser aussi de quelque turquerie,* « *une petite histoire des vizirs et des sultanes, et des intrigues du sérail, qui se laisse lire agréablement* ». *Enfin La Bruyère, en quatre lignes magistrales, résume, pour tous les siècles à venir, la morale des équipages* : « *Tu te trompes, Philémon, si avec ce carrosse brillant, ce grand nombre de coquins qui te suivent et ces six bêtes qui te traînent, tu penses que l'on t'en estime davantage; l'on écarte tout cet attirail qui t'est étranger pour pénétrer jusques à toi qui n'es qu'un fat!* »

Le XVIIIe siècle nous donne, à la fois, les pages les plus magnifiques et les plus légères de l'histoire des véhicules. Il présente le carrosse dans toute sa splendeur artistique et décorative et il laisse voir déjà, dans une crise d'anglomanie, les voitures de fantaisie si en faveur aujourd'hui. Cette crise commence par une mode de cabriolets et elle finit par une rage de wiskis, que nous regarderons passer tout à l'heure.

Les ouvrages techniques sont déjà nombreux et plusieurs d'entre eux ont un très sérieux mérite. Les principaux ont pour auteur François-Alexandre de Garsault, qui, chassé de l'administration des haras par l'animosité du grand écuyer, le prince Charles de Lorraine, s'est consacré tout entier à la rédaction d'études relatives aux chevaux et aux équipages. Il donne, en 1741, le Nouveau Parfait maréchal — *qui va, dans toutes les bibliothèques, remplacer* le Parfait maréchal, *de Solleysel* — *et, en 1756, un* Traité des Voitures, *le travail le plus complet publié dans le siècle au sujet des véhicules: Ayant parlé des carrossiers et des carrosses, il ne lui restait plus qu'à parler du harnachement. Il le fit en 1774, d'une façon très détaillée, dans* l'Art du bourrelier et du sellier. *Pour la conduite des carrosses, dès 1740, un certain De la Pierre, cocher, avait humblement publié un* Parfait cocher, *et, en 1774, Aubert de la Chesnaye des Bois publia un nouvel et pompeux* Parfait cocher, *véritable manuel du* Driving *au dernier siècle. Il fut, selon la préface, écrit d'après les conseils de « l'habile Peretti, cocher de M. le duc de Nevers », et « de M. de la Rivière, sellier d'une grande réputation. » Mais la tradition attribue cet ouvrage au duc de Nevers lui-même qui, sans doute, le fit imprimer à ses frais et le décora d'un superbe frontispice, dans lequel six chevaux aux crinières ondoyantes tournent magnifiquement sous une voûte de nuages, qui soutiennent le quadrige de Phaëton.*

Il faut bien, après avoir feuilleté les traités, qui parlent du Driving *au XVIIIe siècle, examiner les planches, qui représentent les carrosses et les voitures de ce temps-là. Il en est de fort belles, de l'art le plus délicat. Les suites de Daniel Marot et celles de Bernard Picard, consacrées au Premier des magnifiques carrosses de monseigneur le duc d'Ossuna, ambassadeur d'Espagne, montrent encore une ornementation de style Louis XIV. Mais dans les merveilleux modèles de voitures dessinés par Chopart, menuisier du roi, et par Moreau le jeune, l'art du XVIIIe siècle se manifeste avec tous ses raffinements, avec sa grâce et sa manière contournée, sans tomber toutefois dans les exagérations du rococo allemand. Après Chopart et Moreau le jeune, Roubo le fils donne, en 1771, dans une collection de* Descriptions des Arts et métiers, *faites* et approuvées par Messieurs de l'Académie des Sciences, l'Art du menuisier, *planches très fines, fournissant des modèles plus sobres d'enjolivements, aux formes déjà plus droites. Puis paraissent les planches de* l'Encyclopédie, *moins artistiques peut-être mais très curieuses encore, faisant voir, au dessus d'un outillage bien démodé aujourd'hui, de pittoresques échoppes, où des ouvriers, presque d'opéra-comique, piquent des dossières et capitonnent des carrosses. Enfin, en 1780, dans le* Cabinet des Modes, *des planches en taille douce enluminées nous montrent les étranges voitures exhibées par les anglomanes aux Longchamps de ce temps-là : le cabriolet dit stope, la voiture coupée solo et enfin la petite voiture, dite wisky.*

Voilà qui nous rejette dans l'histoire anecdotique des véhicules. Il y a, vers le milieu du siècle, la question brûlante des cabriolets. Et les pamphlets de courir, légers et dangereux comme ces fragiles voitures. L'origine de ces cabriolets nous est, en 1741, donnée en un conte allégorique et mécanique, *narrant la naissance de « ce petit chef-d'œuvre d'équipage ». Ils sont attaqués un peu de tous côtés mais nulle part, peut-être, avec plus de perfidie que dans les* raisonnettes *du plaidoyer de l'abbé Coyer* : les Cabriolets justifiés. L'Almanach du Cabriolet *résume toute cette polémique en acrostiches et en pots pourris et, mieux* que *l'abbé Coyer, il justifie le cabriolet en le faisant passer en une gracieuse vignette, coquet, pimpant, presque une conque de féerie.*

Les fiacres cependant restent abominables, « *lugubres — nous apprend un factum — tout couverts de boue au dehors, tout gras et infects au dedans, mal fermés à tous les vents* ». *Le roman, néanmoins, les relève quelque peu; comme en cette* Histoire de Guillaume, *cocher de place, puis de remise, qui* « *n'aurait pas bien eu la plume en main, à cause du fouet d'autrefois* », *si le spirituel comte de Caylus n'eût daigné la conduire. Il lui fait tracer* « *quatre aventures d'amourettes* », *dans lesquelles le fiacre à glaces de bois — que l'on nous pardonne, nous sommes sous Louis XV — manifeste sa grande utilité de galanterie. Ce qui fait chanter à Grécourt un couplet maintes fois répété depuis:*

> Dans un amoureux mystère,
> Un fiacre est d'un grand secours ;
> Du voyage de Cythère,
> Il précipite le cours.

Pendant que le fiacre se transforme en discret asile, les cabriolets ont cédé la place aux wiskis qui mènent, comme eux, un tapage épouvantable. Jusque dans les colonnes du Journal de Paris, *l'on dit, ou, plutôt, l'on crie le pour et le contre de ces voitures importées d'Angleterre, mais qui symbolisent si bien la légèreté des Français.* « *On prétend qu'elles sont utiles au bien et à la facilité du commerce. J'ignore quel est le genre de commerce de tous ces jeunes gens qui, en redingotes angloises, en bottes angloises, avec un chapeau anglois, dans un wiski à l'angloise, passent et repassent dans toutes les rues de Paris, comme s'ils allaient à la conquête du monde.* » *Question de patriotisme et, aussi, de jalousie de la part des bourgeois, qui ne savent pas* angliciser. *Ce sentiment de jalousie sera bientôt satisfait, car la Révolution va venir, et ces messieurs du tiers état, froissés d'un odieux privilège de l'opulence, entameront contre les carrosses une guerre que les sans-culottes de 1793 sauront conduire jusqu'à leur anéantissement.*

Dès 1789, nous trouvons, en effet, les Vœux d'un piéton, *présentés à l'Assemblée nationale, tendant à la disparition de ces voitures,* « *que la noblesse fabrique pour insulter à l'indigence et à l'honnête médiocrité* ». *C'est la déclaration de guerre au luxe des équipages, et cette guerre, nous l'avons dit, doit être une guerre à mort. L'on va donc être contraint de se contenter des fiacres. Et pourtant* les Motions de Babouc *nous les montrent, en 1785, plus sordides et plus répugnants que jamais.* « *Qui croirait qu'au milieu de la plus brillante ville de l'univers, il y a des fiacres tellement délabrés, tellement ouverts de toutes parts qu'on y est exposé à toutes les rigueurs des saisons ?..... On ne peut s'y asseoir qu'au sein de la malpropreté. Le cocher est lui-même un objet dégoûtant par la manière dont il est vêtu, et c'est néanmoins le personnage, qui donne le bras aux femmes pour les aider à monter et à descendre. »*

Mais revenons à la guerre aux équipages. Les petits maîtres, dont le piéton a dénoncé « les airs impérieux et assommables », ont, afin d'éviter d'être assommés pour tout de bon, échangé leurs wiskis pour des chaises de poste et pris le chemin de Coblenz. Jusqu'à la suppression de la monarchie, les carrosses paraissent encore dans Paris, mais ils y sont de plus en plus rares. Les citoyennes aimables y montrent toutefois des chefs-d'œuvre de décoration artistique, blasonnés de lettres fleuries et de couronnes de roses ; car les autres couronnes sont, comme toute marque héraldique, voilées sur les panneaux par de légers nuages, destinés à épargner aux regards des patriotes la vue d'armoiries blessantes pour l'égalité.

Ce ne sont que des nuées, mais bientôt viendra l'orage, et la Convention ne trouvera pas assez de foudres pour les carrosses des ci-devant seigneurs. Cela fait encore l'affaire des fiacres, dont les cochers sont tous d'affreux jacobins : « Le 11 août

1792 — dit *Hyde de Neuville* — *je trouve un fiacre à la barrière, qui consent à me conduire. Le cocher m'invite d'abord, d'un ton à n'être pas refusé, à boire avec lui et deux bons b...... de ses amis. Et ces trois misérables me racontent leurs prouesses de la veille ; mon cocher me dit et répète qu'il a eu le bonheur de tuer deux suisses au château, et je suis forcé d'écouter ces monstres !* » *Et les cochers descendus des grands sièges armoriés ne pensaient hélas! souvent pas mieux. Le comte de Tilly ne put tirer qu'à grand peine* « *M. de Veimeranges d'une dispute fort inégale qu'il avait devant le bon peuple avec un citoyen-dignitaire auparavant cocher de M*me *de Polignac, qui ne le marchandait point et qui visait à la tête* (1) ». *Quant aux carrosses considérés comme suspects, le conseil de la commune décréta, le 27 septembre 1793, que les voitures et chevaux qui se trouveraient porteurs des emblêmes de la féodalité seraient confisqués et leurs propriétaires arrêtés. Ainsi, après un semblable décret, pour une pièce de harnais oubliée dans une sellerie, pour une berline vermoulue pourrissant sous quelque housse, l'on pouvait être incarcéré sur la dénonciation du dernier palefrenier ! Et le fait, sans doute, eut lieu. Mais il restait à la Con-*

---

(1) Voy. *Mémoires et Souvenirs du baron Hyde de Neuville*, (T. I, p. 17) et *Mémoires du comte Alexandre de Tilly* (T. II, p. 351).

vention à s'en prendre, avec plus de violence encore, aux carrosses royaux contaminés par le contact du dernier souverain. Cela fut fait dans un rapport présenté à la Convention nationale au nom de l'administration des domaines, curieux monument du fanatisme révolutionnaire : « Il est temps de balayer ces restes impurs de la tyrannie ; il ne faut pas qu'il en reste le moindre vestige. Vous connaissez, citoyens, les précautions que l'on prend contre les chevaux morveux. On s'empresse de les assommer, de livrer aux flammes leurs harnais et leurs rateliers, et de purifier par le feu les écuries qu'ils ont habitées. Je viens vous proposer de purifier également les Petites Écuries du ci-devant tyran. »

Les carrosses du roi furent donc, sinon brûlés, au moins dépecés et détruits. Quant à ceux des aristocrates, ils devaient, si nous pouvons en croire la marquise de Créquy (1), reparaître en un cortège macabre. Réquisitionnés et tirés des remises des vieux hôtels, ils furent bondés de cadavres de chiens errants, massacrés par ordre de la commune. « C'étaient cinq à six grands carrosses de Bellevue, de Mesdames, tantes du roi, qui figuraient en chefs de file à ce beau cortège, avec des têtes de caniches, des croupes et des queues de matins qui passaient par chaque

---

(1) Voy. ci-dessous (p. 109) la note relative à ces mémoires.

portière. » Et ainsi ces beaux carrosses, que les princesses de la cour et du théâtre avaient jadis remplis du charme de leurs sourires, disparurent pour jamais sur la fange des faubourgs, s'éloignant vers la voirie !

Au XIXe *siècle, les ouvrages techniques, que décoraient autrefois de belles planches, dessinées et gravées par les premiers artistes, deviennent assez rares et descendent au rang de manuels professionnels, illustrés par des procédés économiques. Le* Manuel du charron et du carrossier, *de la collection Roret, est le meilleur de ces traités. Les autres sont des livres de métier d'une valeur à peu près nulle. Cela permet de pressentir combien sera court l'inventaire des périodiques consacrés, dans notre siècle, à la carrosserie française. Nous n'aurons guère à mentionner que le* Mercure universel, illustration théâtrale, littéraire et industrielle, *né en 1848 et transformé, en 1850, en* Moniteur illustré de la haute carrosserie, *et, en 1857, le* Guide du carrossier, *publication plus sérieuse, qui subsiste encore et qui forme, texte et planches, l'un des recueils les plus intéressants à consulter pour l'historique du* Driving.

Mais les voitures sont essentiellement un moyen de paraître et d'être remarqué. L'on s'inquiète donc beaucoup moins de savoir comment elles sont construites que d'en regarder ou d'en mon-

trer le brillant extérieur. Ce sont les journaux de modes et les revues illustrées qui vont nous les faire voir aux Longchamps de la première moitié du siècle, au tour du lac du second empire, dans l'allée des Acacias de la troisième république. Ces documents graphiques, du plus piquant intérêt, il faut les rechercher dans le Journal des meubles et objets de goût, de la Mésangère, dans le Journal des Haras et dans l'Eleveur, dans l'Illustration et dans le Monde illustré. Nous y rencontrons les voitures sensationnelles du siècle : le carrosse du sacre de Charles X, la berline du duc de Bordeaux, le traîneau du comte d'Orsay, le phaëton de lord Henry Seymour.

Les voitures historiques n'y paraissent toutefois pas toutes, car c'est à Londres, dans un catalogue de la première exposition napoléonienne, à Egyptian Hall, que se trouve inscrite la voiture de Waterloo. Elle est encore conservée aujourd'hui, et comme attraction principale, dans la galerie célèbre de Mme Tussaud. Et, en l'y voyant récemment, nous songions quelle chamber of horrors l'on pourrait former, en réunissant autour d'elle, les voitures que l'histoire nous montre maculées de sang et celles dans lesquelles ont tristement disparu des royautés fugitives. Petite, mais très sombre philosophie du Driving !

Mais retombons à nos coches, comme disait Montaigne, ou, plutôt, aux coches de tous, dili-

gences et omnibus. Il convient de parler d'abord des diligences, parties de l'humble Turgotine, décrite dans les Chouans *par le grand Balzac, puis élevées au rang de vélocifères, et, enfin, portant glorieusement aux quatre coins de la France les noms de Laffitte et Caillard. La diligence, objet d'un des plus prestes couplets de Désaugiers :*

> La diligence
> Part pour Mayence,
> Bordeaux, Florence
> Et les Pays Bas.....
> « Adieu donc, mon père.
> Adieu donc, mon frère.
> Adieu donc ma mère,
> Adieu, mes petits ! »
> Les chevaux hennissent,
> Les fouets retentissent,
> Les vitres frémissent,
>   Les voilà partis !

et théâtre d'une des plus piquantes scènes populaires d'Henri Monnier ; la diligence, lamentable en son agonie, dans les bourgades de province, correspondante asservie des victorieux chemins de fer !

La chaise de poste, d'ailleurs, avait fini avant elle, et, sur les routes, l'on ne la rencontre plus. Mais elle apparaît encore sur les scènes provinciales, au moment de l'attaque du Courrier de Lyon, *et le* Postillon de Longjumeau, *dans les villes d'où les wagnériens ne l'ont point encore proscrit, fait toujours claquer son fouet sur la musique d'Adolphe Adam, si démodée, mais si vive et si fringante !*

Quant aux omnibus, ils restent toujours vivaces, en dépit de la concurrence des tramways contemporains et des menaces des métropolitains à venir. Edouard Gourdon donne, en 1841, une spirituelle Physiologie de l'Omnibus. Maurice Alhoy, dans le Musée pour rire, *dit les tribulations de ceux qui montent dedans et de ceux qui courent après. Et, depuis, toutes les feuilles humoristiques,* la Caricature, le Charivari, le Journal pour rire, *donnent leur histoire, illustrée de dessins joyeux, d'un comique toujours un peu vulgaire.*

C'est aussi dans ces recueils qu'il sera possible de suivre les destinées des voitures de place, coucous, cabriolets et fiacres, raillés, comme les omnibus, en de malicieux couplets. D'ailleurs à la suite de Désaugiers, dont la fantaisiste Histoire d'un fiacre *amuse toujours :*

> Je vais vous faire ici ma généalogie entière,
> De quatorze ans je suis âgé
> Et mon très cher grand père
> Fut un peuplier,
> Mon père un noyer,
> Mon grand cousin, un chêne ;
> Mon frère était pin,
> Moi je suis sapin
> Et fus fait par Duchesne,

tous les chansonniers du siècle, et cela jusqu'au

complet délaissement de la chanson, ont pris pour thème les voitures de toute espèce. Le Chansonnier des Grâces *et* les Etrennes d'Erato, *les* Soupers de Momus *et les* Ruades de Pégase *sont remplis de versiculets les concernant. Et, en 1868, l'antique, le semi-mortuaire Caveau n'a pas réclamé à de séniles inspirations moins de trente-quatre chansons sur les véhicules.*

Pour l'histoire anecdotique des équipages fashionables, il faut feuilleter les romans et les souvenirs mondains et, surtout, de petits volumes humoristiques, très fins et très délicats : la Comédie à cheval, *dans laquelle Albert Cler consacre un chapitre à la* Fashion en voiture, *et* Parisine, *de Nestor Roqueplan, où l'on rencontre une théorie du vrai* chic. *Cette comédie du* Driving *est très finement continuée dans les recueils satiriques de Cham, de Bertall et de Crafty. Elle n'est donnée nulle part avec plus d'esprit et de tact que dans* la Vie parisienne *de Marcelin, où lettrés et dessinateurs gardent fort exactement, en une ironie mesurée, la perspective de la caricature.*

L'histoire des voitures à la fin de notre siècle contient un chapitre d'incomparable splendeur : celui des équipages sous le second empire. Jamais le désir de posséder des attelages, non-seulement brillants mais encore d'une correction impeccable, ne s'était manifesté en de tels efforts de luxe. Et chaque jour, autour du lac, paraissaient des équipages dans lesquels, en un genre déterminé, l'on tentait d'arriver et l'on atteignait parfois à la perfection, la calèche de la princesse de Metternich, la daumont de Mme Musard, le grand coupé de la princesse d'Hennin, le vis-à-vis du comte Potocki, le phaëton de Montgomery, le carrick à pompe de M. Wilkinson, le mail-coach du comte de Lambertye.

Il était utile de fixer le souvenir de ce somptueux défilé, avant que les grands arbres du tour du lac aient été abattus en 1870, comme appartenant à la zone militaire. Un artiste, M. Delton, le fit en une série de vivantes photographies. Il en a formé de nombreux albums, où l'on peut voir passer encore, en des équipages à jamais disparus, des rois et des reines de la fashion, aujourd'hui, presque tous, détrônés ou morts.

Mais ces beaux équipages devaient revenir en des pages magistrales, qui, en dépit de quelques erreurs de détail, transmettent mieux qu'aucune photographie, la sensation de ces moments de splendeur. Nous les trouvons au début de la Curée, d'Émile Zola, et nous ne saurions résister à la tentation, en en citant quelques lignes, de ramener à ces jours-là.

Au retour, dans l'encombrement des voitures qui rentraient par le bord du lac, la calèche dut marcher au pas. Un moment, l'embarras devint tel, qu'il lui fallut même s'arrêter.

Le soleil se couchait dans un ciel d'octobre... Un dernier rayon enfilait la chaussée, baignant d'une lumière rousse et pâlie la longue suite de voitures devenues immobiles. Les lueurs d'or, les éclairs vifs que jetaient les roues semblaient s'être fixés le long des rechampis jaune paille de la calèche, dont les panneaux gros bleu reflétaient des coins du paysage environnant. Et, plus haut, en plein dans la clarté rousse qui les éclairait par derrière, et qui faisait luire les boutons de cuivre de leurs capotes à demi pliées, retombant du siège, le cocher et le valet de pied, avec leur livrée bleu sombre, leurs culottes mastic et leurs gilets rayés noir et jaune, se tenaient raides, graves et patients... Leurs chapeaux, ornés d'une cocarde noire, avaient une grande dignité.....

Malgré la saison avancée, tout Paris était là : la duchesse de Sternich, en huit-ressorts ; madame de Lauwerens en voiture très correctement attelée ; la baronne de Meinhold, dans un ravissant cab bai-brun ; la comtesse Vanska, avec ses poneys pie ; madame de Guende et madame Teissière, en coupé ; la petite Sylvia, dans un landau gros bleu. Et encore Don Carlos, en deuil, avec sa livrée antique et solennelle ; Selim Pacha, avec son fez et sans son gouverneur ; la duchesse de Rozan, en coupé-égoïste, avec sa livrée poudrée à blanc ; M. le comte de Chibray, en dog-cart ; M. Simpson, en mail de la plus belle tenue ; toute la colonie américaine. Enfin deux académiciens en fiacre....

Les premières voitures se dégagèrent et, de proche en proche, toute la file se mit à rouler doucement. Ce fut comme un réveil. Mille clartés dansantes s'allumèrent, des éclairs rapides se croisèrent dans les roues, des étincelles jaillirent des harnais secoués par les chevaux.. Ce pétillement des harnais et des roues, ce flamboiement des panneaux vernis dans lesquels brûlait la braise rouge du soleil couchant, ces notes vives que jetaient les livrées éclatantes perdues en plein ciel et les toilettes riches débordant des portières, se trouvèrent ainsi emportés dans un grondement sourd, continu, rythmé par le trot des attelages. Et le défilé alla, dans les mêmes bruits, dans les mêmes lueurs, sans cesse et d'un seul jet, comme si les premières voitures eussent tiré toutes les autres après elles.

Alors la guerre vint, puis la république. Et ce fut un engouement pour de petites voitures de fantaisie, faites en Angleterre pour les sorties de campagne, moins à leur place dans une capitale. Les plus grands seigneurs n'osèrent plus avoir, dans la crainte d'un reproche d'ostentation, des équipages correspondant à la tenue générale de leurs maisons. Les femmes les plus élégantes, renonçant aux grandes voitures, sortirent en des victorias, réservées jadis aux nouvelles venues de la galanterie. Elles passèrent même bientôt de ces victorias en de petites carrioles, parées des appellations britanniques les plus diverses, dans lesquelles une lionne de 1840 eut refusé de monter. Très souvent, autrefois, l'on avait été dans le budget de l'écurie, au-delà de ses moyens; la plupart du temps, en cette nouvelle façon de vivre, l'on voulut rester en deçà. Aussi, n'est-il pas surprenant que, dans ces dernières années, les livres relatifs aux voitures aient été de moins en moins nombreux. Etait-il possible d'écrire des volumes sur de petites charrettes vernies et de prétendus bogheys!

Puis le champ ouvert à Paris aux équipages devenait, chaque année, plus restreint et moins plaisant. Toutes les complications d'une ville machinée, les omnibus à trois chevaux, les tramways à tractions variées, les plates-formes et les abris, empêchaient ceux qui se souciaient encore du Driving *de s'éloigner du Bois de Boulogne et des Champs-Élysées. Un adroit cocher saura, aujourd'hui encore, doubler le cap de gigantesques omnibus qui barrent l'entrée du boulevard, mais nous le défions bien de faire valoir une paire de chevaux entre la Madeleine et la place de l'Opéra. Et nous avons tracé cette bibliographie un peu comme l'on classe les titres d'une maison qui va finir. La voiture déjà fait place à l'automobile. Avec l'automobile, le menage n'existe plus, et le cocher doit céder son siège au mécanicien. Ces quelques pages présenteront donc, peut-être, l'historique des voitures jusqu'au chapitre dernier. Puissent ceux qui vont les feuilleter éprouver quelque plaisir à regarder passer, comme en un Longchamps de quatre siècles, les équipages de leurs pères, avant de s'inquiéter de ce que seront un jour, dans les transformations incessantes de la locomotion, les véhicules mécaniques de leurs arrière-neveux!*

XVIᵉ SIÈCLE

1547

MARGUERITE D'ANGOULÊME, reine de Navarre.
— La Marguerite de la Marguerite des princesses. *Lyon, Iean de Tournes*, in-8°, 1re partie, 542 p.; 2° partie, 562 p.

Voy. dans la seconde partie, le poëme intitulé *la Coche*, illustré de très curieuses gravures sur bois, dont deux, d'un intérêt particulier, représentent *la Coche* royale (1). La reine de Navarre, dans *la Marguerite*, ne parle de cette coche que d'une façon très concise et ne la décrit pas, la regardant surtout comme une sorte de refuge, où l'on peut bavarder et conter pendant la pluie :

> *La pluye en creut. Lors chacune descoche,*
> *Et toutes trois nous mismes en la Coche,*
> *Qui attendoit notre department.*

Puis, l'on parle d'amour, sans songer, jusqu'à l'arrivée, à ce pauvre véhicule, abri des propos galants :

> *Lors d'un accord, sur le poinct, nous trovasmes*
> *Dedans la Coche au logis arrivasmes.*

La coche, on le voit, n'eut guère que les honneurs du titre de ce poëme : mais, heureusement, les vignettes, intercalées dans le texte, nous la font voir à la ville et à la campagne, par la pluie et par le beau temps.

Ces jolies figures sur bois, à mi-page, sont attribuées au célèbre graveur lyonnais, Salomon Bernard, dit le Petit Bernard ; attribution motivée, le poëme de la « très illustre royne de Navarre » ayant été imprimé à Lyon.

(1) Nous en donnons ici la reproduction.

1569

BESSON (Iaques).

— Livre premier des instruments mathématiques et mécaniques servant à l'intelligence de plusieurs choses, etc. inventés par Iaques Besson. *Orléans, Eloy Gibbier*, in-4.

Dix pages du texte précédent, dans ce recueil (dont le privilège est daté de 1569) soixante planches, qui sont toutes gravées par Androuet du Cerceau. L'une (n° 17) représente un *Coche royal*, « chariot nouveau et royal, lequel est un peu plus ample que les vulgaires, mais aussi beaucoup plus commode car, en un lieu inégal, il se nivelle par son contrepoids (comme une nacelle sur eau tranquille). Donc il ne peut remuer ni par conséquent endommager ceux qui sont dans la litière ».

Cette précieuse planche a été reproduite dans l'*Art pour tous* (1re année, n° 9). « Il faut remarquer — lisons-nous dans le texte qui y est joint — le mode de suspension à la fois ingénieux et naïf de ce véhicule, ainsi que la manière logique dont la décoration ressort de la construction même. La petite figure, jointe à la planche est un croquis de la même conception avec arrangement plus simple. »

Ces planches se retrouvent dans le *Théâtre des inventions mathématiques et mécaniques de Iacques Besson, dauphinois, docte mathématicien, avec l'interprétation des figures d'icelui par Francois Beroald*, publié en 1579, *à Lyon, chez Barthélemy Vincent*. François Beroalde, l'auteur des explications jointes à chaque figure, n'était autre que le célèbre auteur du *Moyen de parvenir*. L'édition indiquée dans l'*Art pour tous*, publiée également *à Lyon*, en 1579, aurait été imprimée chez *Horace Cardon*.

1574

HARTMAN SHOPPER.

— De Omnibus illiberalibus sive mechanicis artibus humani ingenii sagacitate atque industria iam inde ab exordio nascentis mundi vsque ad nostram ætatem adjuventis, luculentus atque succinctus liber. *Francfort*, in-4, s. p.

Recueil rarissime de planches relatives aux arts et métiers, accompagnées d'un curieux texte (1). Nous indiquerons, dans l'ouvrage de Hartman, les planches 73 *(Ephippiarius, der Sattler, le sellier)* et 82 *(Carpentarius, der Wagner, le charron.)*

MONTAIGNE (Michel, seigneur de).
— Essais, cinquième édition. *Paris, Abel d'Angelier*, in-4º, 496 p.

Le chapitre VI du livre III est intitulé *Des Coches*, mais l'immortel essayiste y abanbonne très rapidement cet objet pour des dissertations morales et politiques. En vain, s'écrie-t-il à la fin, comme pris de scrupule : « Retumbons à nos coches » ; ce n'est que pour parler du « roy du Peru, porté sur des brancars d'or et assis dans une chaize d'or au milieu de sa bataille », comme il avait mentionné précédemment « les coches de guerre des Hongres » et énuméré les très singuliers attelages des empereurs romains, coches tirés par des lions, des tigres, des chiens, des cerfs, des autruches et des garces. Quant aux coches qui roulaient alors dans Paris et dans Bordeaux, le seigneur de Montaigne n'en souffle mot, se bornant à nous faire part de la répugnance qu'il éprouvait à user de ces véhicules : « Or, ie ne puis souffrir long temps (et le souffrois plus difficilement en ma ieunesse) ny coche, ny litière, ny bateau et hais toute aultre voicture que de cheval, et en la ville et aux champs ; mais ie puis souffrir la lictière moins qu'un coche ; et par mesme raison, plus aysément une agitation rude sur l'eau, d'où se produisit la peur, que le mouvement qui se sent en temps calme. »

---

(1) Ce texte, ayant été écrit en latin, et ayant donné à cette publication une sorte de caractère international, nous croyons pouvoir la mentionner ici, comme nous mentionnerons plus loin l'ouvrage de Garzoni et celui de Jean Scheffer.

1593

GARZONI.

— Piazza universale di professionni. *Venezia*, in-4.

Voy. (p. 863-867) le discours CLXIII *De Carratieri o Cocchieri, o Carrochieri e Carrari e Lettigarij*. Après une longue dissertation sur l'histoire des véhicules dans les temps anciens et après avoir montré des chars conduits par des dieux et par des héros, l'auteur regrette de les voir, en un dédain d'un aussi noble exercice, menés de son temps par des garçons d'écurie et des palefreniers. « *Ma hoggidi questo mestiero è riputato poco, ne si troua chi l'esserciti, quasi se non ragazzi, e scruitori da stalla.* »

XVIIe SIÈCLE

1609

LE CARROSSE de Jacqueline d'O en 1609 (1).

Article publié dans le *Mémorial de la Noblesse* (année 1864, p. 518-20) reproduisant le très curieux marché passé entre Jacqueline d'O, dame de Fresnes, et le sellier Anthoine Vincent, pour la construction d' « VNG CARROSSE monté sur train à quatre roues, qui aura 8 pieds 3 poulces de long, lequel carrosse sera couvert par le dessus d'un bon cuir de bâche neuf; garni alentour de crochets dorés pour trousser le custode d'iceluy carrosse; le bois duquel sera eslevé en bosse par le dehors et doré de bon or de ducat, et sera doublé par le dedans de bon velours cramoisy; sera l'impériale doublée dudit velours à quinze francs l'aulne; et, quant aux orilliers, plafons et picures d'alentour, seront aussy de velours cramoisy au prix de dix-neuf livres l'aulne, qui sera assorti par ladite dame et payé par ledit Vincent; sera garni de onze rideaux de damas, où il y entrera onze aulnes à raison de huit livres dix sols; sera piqué par le dedans à double escaille avec un cordon et une frange et crespine de soie cramoisie double; cloué par le dedans de clous bordellés en façon de rosettes ou pyramides. Au devant duquel carrosse sera mis une chaise avec un coussinet pour le cocher; et sera aussy garny d'une fourchette et chesne pour enreyer. Fournira aussy ledit Vincent les harnois de quatre chevaux pour tirer iceluy carrosse, deux couvertures de drap de cramoisi rouge, qui seront garnies de vingt-deux houppes de soiettin de pareille couleur...... Ce présent marché fait moyennant la somme de mille quatre-vingts livres tournois etc. » Voy. ci-dessous, l'article *les Voyages d'autrefois*.

(1) Pour présenter dans un ordre chronologique, les pièces relatives à l'historique des véhicules, nous les inscrirons ordinairement à la date des documents originaux, et non à celle de leur publication.

1615

CALLOT (Jacques).

— Joûtes de Florence. Première fête, dite *la Guerre d'Amour*, suite de 5 pièces, dont l'une représente *les Chars* de la fête et les habillements des chevaliers et de leurs suivants.

— Joûtes de Florence. Seconde fête dite *Joûte à cheval*, suite de 5 pièces dont trois représentent *le Char de Thétis, le Char du Soleil, le Char de l'Amour*.

Voy. Meaune (Ed.). *Recherches sur la vie et les ouvrages de Jacques Callot,* dans lesquelles ces pièces sont indiquées dans les n°s 633-35, 636-40 du catalogue (1).

1620

L'HONNÊTETÉ des hauts de chausse, pourpoincts et casaques débordées. *Rouen*, petit in-8.

Dans ce livret satirique, les carrosses, que le libelliste appelle déjà des *phaëtons,* sont assez maltraités en raison de leur luxe indécent. (Voy. Edouard Fournier, le *Vieux-Neuf*, T. II, p. 372.)

---

(1) Quoique nous n'ayons pas l'intention de donner ici l'iconographie des voitures (et surtout des chars ou des carrosses dessinés à l'étranger), nous avons cru pouvoir faire une exception et mentionner ces planches du graveur Jacques Callot. Nous pourrons faire encore quelques exceptions semblables, mais nous n'indiquerons jamais que des gravures, ayant des voitures pour principal motif et non les suites consacrées aux entrées de rois, aux carrousels, aux fêtes publiques, dans lesquelles des carrosses peuvent être représentés, apparaitre en un lointain, comme *le Char de l'Infante* dans la célèbre gravure de Callot, *le Siège de Bréda*.

1627

SONNET (Thomas), sieur de Courval.
— Les Satyres du sieur de Courval - Sonnet, gentilhomme virois, dédiées à la reine mère du Roy. *Paris, Rolet Boutonné*, in-8, 48-212 p.

Dans *la satyre cinquiesme, contre le larrecin des deniers du Roy commis par les meschans financiers*, nous trouvons ce tableau des riches équipages des *financières* du XVIIe siècle :

    Ce n'est encore rien, ces riches financieres
    Ne sortent du logis, qu'en carrosse ou litieres,
    Carrosses estoffez de velours façonné,
    De satin ou damas par chiffres fleuronné
    D'incarnat, jaune, vert, orengé, bleu celeste,
    Ou quelque autre couleur que madame souhaitte;
    Leur bois tres-bien doré d'un or fin rayonnant.
    Les pages et laquais qui vont l'accompagnant
    Pour mes dames servir, hausser, baisser, portieres.
    Sont vestus des couleurs de ces deesses fieres.
    Ces superbes Junons, qui n'osans se gesner,
    Dedans ces chars dorez se font tousjours traisner,
    Car, cheminans à pied, en dames de boutiques,
    Elles pourroient gaster leurs patins magnifiques.
. . . .
    D'ordinaire ces gens ont cinq ou six chevaux
    Dedans leur escurie, outre ceux des carrosses
    Qui traisnent quelquesfois au bureau ces colosses.

— Les Exercices de ce temps, contenant plusieurs Satyres contre les mauuaises mœurs. *Rouen, Guillaume de La Haye*, in-8, 3 parties en 1 vol.

Voy. dans la *satyre troisiesme, la Foire de Village*, le départ pour la foire.

    Chacun monte en carosse et Dieu scait les discours
    Que l'on tient là dedans du joly jeu d'amours,
    L'une assise sur l'autre et toutes pesle-mesle.
    Un chacun se fait place ; un gros près d'une gresle ;
    L'un tient la main de l'autre, et luy serrant les doigts,
    Luy faisant les doux yeux, la réduit aux abois.....

Nous bornons ici cette citation dont la suite appartiendrait peut-être trop particulièrement à ce que nous pourrions appeler l'histoire galante des véhicules.

La *satyre quatrième* nous montre un équipage improvisé pour *le Pélerinage :*

> Ainsi tous d'un accord pour faire le voyage,
> Chacun de son costé pourvoit à l'équipage :
> L'une emprunte un carrosse et l'autre des chevaux :
> L'un fournit de vollée et l'autre a mille maux
> A trouver un collier garny d'une croupière,
> Pour un cheval d'emprunt qui trainoit de la biere ;
> Puis, faute de cocher, on se sert de Guillot
> Qui des pestiferez menoit le chariot.
> Ainsi bien attelez de cœur et de courage,
> La trouppe se dispose au saint pélerinage.

Voy. encore, dans *les Exercices de ce temps*, la *cinquiesme satyre* : *la Pourmenade*, promenade un peu accidentée dans un carrosse dont

> .... les chevaux en desroutte,
> Prennent le mors aux dents et vont quittant leur routte,

et surtout la *satire treiziesme*, intitulée *le Cours*, qui présente un vivant tableau du Cours à l'heure de la promenade élégante :

> Carrosses on attelle ; on ne void que brillans ;
> Des dames les amis, les voisins, les galans,
> Accostent la portière, et, feignant la rencontre,
> Après les complimens se mettent sur la monstre.

1628

ELIS DE BONS (Charles).
— Le Paranymphe de la Cour. *Rouen, Iacques Cailloüé*, in-12, 302 p.

Nous trouvons (p. 155), dans le petit volume du poête normand Elis de Bons, né à Falaise, cette pièce curieuse à rapprocher des citations précédentes. Elle établit qu'alors, dans les villes de province, les carrosses étaient assez nombreux pour que ceux qui ne semblaient pas attelés comme il convenait, y fussent l'objet d'observations malicieuses :

Svr vn carrosse
mal attelé.

I'Ay veu en allant au Sermon,
Le Carrosse d'une Grand'Dame,
De marque, d'honneur, de renom,
Qui n'auoit plus rien que la frame,
Que quatre cheuaux aueuglez
Comme cottrez chargez de graisse,
De vievx colliers rompus meublez,
Trainoient en pleurant à la Messe.

Le Cocher d'un poil faulue estoit
Qui auoit fort piteuse mine,
Lequel sans cesse les foüettoit,
Et leur faisoit ployer l'eschine :
Ie luy ay dit, parlant tout bas,
Cocher ouure l'oreille, escoute,
Ces cheuaux ne te sentent pas
Car ils sont d'os et ne voyent gouste.

1632 (vers)

BOSSE (Abraham).
— Chars de fête.

Trois pièces contenues dans le premier recueil de pièces d'ornement de la Bibliothèque de Paris (F. d. 30).

1643

JOURDAN (F.)
— Les Voyages d'autrefois.

Article fort intéressant publié dans *la Revue de l'Aunis* (année 1867, p. 17-25), relatif aux modes de locomotion successivement employés entre la province et Paris. Il donne le résumé de deux actes relevés sur les minutes du notaire Juppin (1643-1644), du plus grand prix pour l'historique des carrosses : « Par le premier, M. de Fleury, sieur du Vert, commandait au sellier Bourdin un carrosse...... La caisse en devait être en bois d'ormeau, ferrée à la manière ordinaire, clouée avec de gros clous à la romaine autour du pavillon et à l'intérieur avec de petits clous, les uns et les autres dorés, et couverte de cuir de vache noir, doublé de *sargette* de Saint-Maixent, de couleur rouge cramoisi, comme la garniture, avec frange de trois doigts de large et un petit *frangeon* aux rideaux, de même couleur. Le prix était fixé à 500 livres, y compris celui de quatre harnais. M. de Fleury s'engageait à fournir six peaux de vaches et une pièce de sarge.

« Le second *carrosse de campagne* fut commandé au même sellier par M. de Burlé, chevalier, seigneur de Chervaise et d'Ardillières. Il devait être pour six personnes avec deux sièges, l'un devant, l'autre derrière, garni de drap d'écarlate cramoisi de 7 livres avec frange de crépine de soie de même couleur ; la couverture de cuir de vache, aussi doublée de sargette de Saint-Maixent, rouge cramoisi ; les ferrures du train dorées aux endroits ordinaires, le corps monté sur un bon train, peint en noir, avec les armes de Burlé devant et derrière, en menuiserie *relevée et dorée aux endroits où l'on a accoustumé de dorer ;* enfin, le cordon doré devait l'être d'or *ducat*. Le prix, avec quatre harnais, était de 860 livres. »

Voy. ci-dessus l'article *le Carrosse de Jacqueline d'O*.

1644

SAUVAL (Henri de).
— Nouveau recueil de pièces agréables. *Paris*, in-12.

Voy. dans le Livre II, le *Chapitre des voitures*.

SCUDÉRY (Mlle DE).
— Vie et correspondance, avec un choix de ses poésies, par MM. Rathery et Boutron *Paris, Techener*, 1873, in-8, viii-540 p.

Voy. dans cette correspondance (p. 148-159), la très longue et intéressante lettre retrouvée dans les Mss. de Conrart (T. XI, p. 189). Elle contient le récit d'un voyage en coche, adressé de Rouen, le 5 septembre 1644, à Mlle Robineau :

> Je ne m'arrêterai pas toutefois à vous dépeindre exactement la magnificence de mon équipage quoiqu'il y ait sans doute quelque chose d'assez agréable à s'imaginer que les chevaux qui traînaient le char de triomphe qui me portait, étaient de couleurs aussi différentes, que celles qu'on voit en l'arc-en-ciel : le premier était bai, le second était pie ; le troisième alezan, et le quatrième gris pommelé ; et tous les quatre ensemble étaient tels qu'il le faudrait à ces peintres qui aiment à faire paraître en leurs tableaux qu'ils sont savants en anatomie, n'y ayant pas un os, pas un nerf, ni pas un muscle qui ne parût fort distinctement au corps de ces rares animaux. Leur humeur était fort docile et leur pas était si lent et réglé, qu'il n'y a point de cardinaux à Rome qui puissent aller plus gravement au consistoire que je n'ai été à Rouen. Aussi vous puis-je assurer que le cocher qui les conduisait a eu tant de respect pour eux pendant le voyage que de peur de les incommoder, il a quasi toujours été à pied.

Après avoir donné les portraits très piquants et détaillés de ses compagnons de coche, Mlle de Scudéry écrit que, de sa vie elle ne fut si lasse que lorsqu'elle arriva à Rouen, « non pas comme a dit magnifiquement M. Chapelain, parlant de la lune,

> Dedans un char d'argent environné d'étoiles.

Mais oui bien :

> Dedans un char d'osier environné de crottes ».

1645

GUY PATIN, docteur en médecine de la Faculté de Paris.

— Lettres choisies. *Paris, Jean Petit*, 1692, deux vol. in-12, 573, 583 p.

L'on trouve (T. I, p. 2), dans une lettre écrite à *Monsieur C. S. P. M.* (Spon), le curieux passage suivant :

> Il est vray, comme on vous l'a dit, qu'il y a icy un Anglois, fils d'un François, qui médite de faire des Carrosses qui iront et qui reviendront en un même jour de Paris à Fontainebleau sans chevaux par des ressorts admirables. On dit que cette nouvelle machine se prépare dans le Temple. Si ce dessein réussit, cela épargnera bien du foin et de l'avoine qui sont dans une extrême cherté.

TALLEMANT DES RÉAUX.
— Les Historiettes, publiées par MM. de Monmerqué et Paulin Paris. *Paris, Techener*, 1855.

Voy. (T. IV, p. 253), l'historiette de *la Montarbault*, dans laquelle on lit :

> Après plusieurs promenades, elle rencontra un Anglois, qui se vantoit d'avoir trouvé l'invention de faire des carrosses qui iroient par ressort; elle s'associe avec cet homme, et, dans ce Temple, ils commencèrent à travailler à ces machines. On en fit un pour essayer, qui véritablement alloit fort bien dans une salle, mais qui n'eust pu aller ailleurs, et il falloit deux hommes qui incessamment remüoient deux espèces de manivelles, ce qu'ils n'eussent pu faire tout un jour sans se relayer ; ainsi eust plus cousté que des chevaux.

Voy. aussi (T. IV, p. 286) cette note de l'historiette de Coustenan, relative à l'interdiction faite primitivement aux carrosses des grands seigneurs d'entrer dans le Louvre :

> Le grand père de ce chevalier de Tonnerre (Henry de Clermont-Tonnerre créé duc en 1671) voyant qu'on ne le vouloit point laisser entrer en carrosse dans le Louvre, ne fist faire au chasteau d'Ancy-le-Franc en Bourgogne, qu'une petite porte au lieu d'une porte cochère, en disant : « Si le Roy (c'estoit Henry IVe) ne veut pas que j'entre chez luy en carrosse, il n'entrera pas non plus en carrosse chez moi. » La porte est encore comme il la fit faire ; et ses descendants n'ont garde de la faire agrandir, car ils sont fiers de conter cela.

L'on voit d'après l'historiette du marquis de Pisani (T. I, p. 43) que les grands seigneurs de ce temps-là, s'ils n'allaient pas communément à six chevaux, attelaient parfois quatre chevaux à leurs carrosses : « Le marquis de Pisani estoit fier. Le mareschal de Biron le fit prier de mettre à prix un fort beau cheval d'Espagne qu'il avoit, puisque aussy bien il n'alloit plus à la guerre. Le marquis, au lieu d'y entendre, respondit que s'il sçavoit où il y en a encore trois de mesme, il en donneroit deux mille escus de la pièce pour les mettre à son carrosse. En ce temps-là, on n'alloit pas si communément à six chevaux. »

1651

LE PAUTRE (Jean).
— Œuvres d'architecture de Jean Le Pautre, architecte, dessinateur et graveur du Roi. *Paris, Charles-Antoine Jombert*, 3 vol. in-f°.

Le tome troisième contient, sous le n° III, six planches de *Nouveaux dessins pour orner et embellir les carrosses et chaises roulantes*.

SCARRON (Paul).
— Le Romant Comique. *Paris, Tovssainct Qvinet*, 2 vol. petit in-8, 527, 541 p.

Le *Roman Comique* est rempli des plus intéressants et des plus piquants détails relatifs aux véhicules du XVIIe siècle. Voy. dans le livre I, l'amusante description de la charette des comédiens (chap. 1), l'aventure des brancards (chap. VII), l'enlèvement du curé de Domfront, voyageant dans un brancard (chap. XIV), les carrosses galamment envoyés aux comédiennes (chap. XIX); dans le livre II, le carrosse de l'abbesse d'Estival versé au passage du gué.

Ce très pittoresque défilé des véhicules de la province, fut continué dans *la Suite du Roman comique*, publiée par Offray vers 1679, où l'on voit (chap. V), la charrette des comédiens dans les mauvais chemins du Maine, et (chap. IX), le carrosse rempli de noblesse campagnarde de M. de La Fresnaye, etc., etc. Disons ici qu'il ne faut pas attribuer à Scarron ces vers de l'*Enéide travestie* des frères Perrault, souvent cités comme étant de lui :

> Tout près de l'ombre d'un rocher,
> J'aperçus l'ombre d'un cocher,
> Qui, tenant l'ombre d'une brosse,
> Nettoyait l'ombre d'un carrosse.

1652

LE SOUPER royal de Pontoise fait à messieurs les députés des six corps de marchands de cette ville de Paris en vers burlesques. *Paris, Nicolas Damesme.*

Mazarinade, dans laquelle on lit :

> C'étoit pour avoir des carrosses
> Où l'on attelle chevaux rosses
> Dont les cuirs tout rapetassés
> Vilains, crasseux et mal passés,
> Représentent le simulacre
> De l'ancienne voiture à Fiacre,
> Qui fut le premier du métier !
> Qui louait carrosse au quartier
> De Monsieur Saint-Thomas du Louvre.

Voy. Edouard Fournier, *Enigmes des rues de Paris*, p. 63.

1655

ARRESTS NOTABLES de la Covr de parlement du 26 Iuillet 1623, 27 octobre 1654, et commission sur iceux du 11 Ianvier 1655. Portant reglement general pour les Coches et Carosses ordinaires establis par toutes les villes de France pour la commodité du public. Auec les Taxes et droicts que doiuent prendre les Fermiers, Facteurs et Commis, tant pour les personnes qu'ils conduiront que pour le port des hardes et pacquets. Et deffences ausdits Fermiers ou Commis de ne contreuenir ausdits Arrests et Reglemens, ny d'exiger plus grands droits sur les peines y contenües. *Très-utiles et necessaires à tous marchands et Voyageurs, pour la conduite des Marchandises et hardes.* Paris, *Pierre Charpentier*, in-4, 8 p.

1656

EDIT du 26 octobre 1656, portant reglement sur le fait tant des passemens d'or et d'argent et dorures des carosses, chaises et calèches que passemens et dentelles de fil et autres choses concernant la parure des vestemens. *Paris*, in-4, 11 p.

1662

CHEVALIER, comédien de la troupe du Marais, mort en 1674.

— L'intrigve des carosses à cinq sovs, comédie représentée svr le Théâtre Royal du Marais.

Paris, Pierre Bavdovyn 1662, in-12, x p. (non paginées) pour l'avant-propos, l'avis du libraire et l'extrait du privilège, etc. 71 p.

Comédie en trois actes, en vers, représentée en 1662 (1).

Les frères Parfaict, dans leur *Histoire du Théâtre* (T. IX p. 163-168) parlent de cette comédie d'une façon assez sévère. Ils disent, dans une curieuse note, que : « dans un ouvrage intitulé : *Panégyrique de l'École des femmes* ou *Conversation comique sur les œuvres de M. Molière*, on trouve un passage qui marque que la comédie de l'*Intrigue des carrosses à cinq sovs* n'étoit guère estimée dans le temps qu'elle parut.... « Ne sont-ce pas d'agréables choses que l'*Intrigue des carrosses à cinq sols, Des Collins-Maillards* et je ne scais combien d'autres farces ? »

INTRIGUE (l') des carrosses de Paris à cinq sols. *Anvers, Guillaume Colles.*

Pièce différente de celle de Chevalier et écrite en vers de huit pieds. Cela prouve à quel point la nouvelle invention des carrosses avait fait du bruit, même à l'étranger. Voy. Édouard Fournier, *le Vieux-Neuf* (T. II, p. 43).

LORET (J).
— La Muse historique ou recueil des lettres en vers contenant les nouvelles du temps (1650-1665).

Voy. la lettre XI du livre XIII (Samedi 18 Mars 1662) :

> L'Établissement des Carosses,
> Tirez par des chevaux non rosses,
> (Mais qui pourront, à l'avenir,
> Par leur travail le devenir)

---

(1) Nous donnons, en regard de cette page, le fac-simile du titre de cette comédie.

L'INTRIGVE
DES
CAROSSES
A CINQ SOVS,
COMEDIE
REPRESENTE'E SVR LE
Theatre Royal du Marais.

A PARIS,
Chez PIERRE BAVDOVYN le fils,
au bout du Pont-Neuf, proche la
grande porte des Auguſtins, à
l'Image Saint Auguſtin.

M. DC. LXII.
Auec Priuilege du Roy.

A commencé d'aujourd'huy mesme,
Commodité, sans doute, extresme,
Et que les Bourgeois de Paris,
Considérans le peu de prix
Qu'on donne pour chaque voyage,
Pretendent bien mettre en uzage.
Ceux qui voudront plus amplement
Du susdit Etablissement
Sçavoir au vray les Ordonnances,
Circonstances et dépendances,
Les peuvent lire tous les jours,
Dans les placards des carefours.

(Édit. P. Daffis, T. III, p. 481.)

MONMERQUÉ (M.)
— Les Carrosses à cinq sols ou les omnibus du dix-septième siècle. *Paris, Firmin-Didot*, 1828, in-12, 75 p.

Intéressante étude reproduisant les pièces suivantes :

1º Lettres-patentes données par Louis XIV, au mois de janvier 1662, portant établissement des carrosses à cinq sols.

2º Arrêt du parlement de Paris du 7 février 1662 qui ordonne, sous de certaines conditions, l'enregistrement de ces lettres-patentes.

3º Lettre du marquis de Crenan, (l'un des concessionnaires) à Arnauld de Pomponne, du 26 février 1662, relative à quelques préparatifs qui concernent l'entreprise des carrosses.

4º Lettre de Madame Perier à Arnauld de Pomponne, du 26 mars 1662. Lettre suivie d'une apostille de la main de Pascal dont une reproduction lithographique se trouve à la page 38.

5º Copie de placard imprimé, qui fut affiché dans Paris, pour annoncer que l'ouverture de la troisième route aurait lieu le mardi 11 avril 1662.

6º Copie d'un autre placard imprimé, qui fut également affiché, pour annoncer que l'ouverture de la troisième route aurait lieu le lundi 22 mai 1662.

L'appendice contient :

1º Lettres-patentes portant establissement des Porte-flambeaux et Porte-lanternes (2 mars 1662).

2º Arrêt du parlement qui en ordonne l'enregistrement (26 août 1662).

3º Imprimé du temps relatif aux Porte-flambeaux et aux Porte-lanternes.

Voy. au sujet de cette brochure, Édouard Fournier, *le Vieux-Neuf* (T. II, p. 37-47).

1664

MILLOTET (Hug.) chanoine de l'église collégiale de Flavigny.

— Chariot de triomphe tiré par deux aigles de la glorieuse et illustre bergère, Sainte Reine d'Alise, vierge et martyre. Tragédie en cinq actes et en vers. *Autun, Blaise Simonnot*, in-8º 134 p.

Voy. au sujet de cette singulière tragédie, le *Catalogue de la bibliothèque Soleinne* (T. I, p. 316).

1666

BOILEAU-DESPREAUX.

— Satires du sieur D***. *Paris, Louis Billaud*, in-12, 6 feuillets non chiffrés, 70 p.

Voy. dans la satire VI, *les Embarras de Paris*, datée de 1660, le célèbre tableau de l'embarras des carrosses :

> Là, sur une charette, une poutre branlante
> Vient menaçant de loin la foule qui augmente :
> Six chevaux, attelés à ce fardeau pesant,
> Ont peine à l'émouvoir sur le pavé glissant :
> D'un carosse en tournant, il accroche une roue,
> Et du choc le renverse en un grand tas de boue.
> Quand un autre à l'instant, s'efforçant de passer,
> Dans le même embarras se vient embarrasser.
> Vingt carosses, bientôt arrivant à la file,
> Y sont en moins de rien suivis de plus de mille ;
> Et, pour surcroît de maux, un sort malencontreux
> Conduit en cet endroit un grand troupeau de bœufs.

Voilà pour les carrosses, et, quant aux coches, la Discorde, dans le *Lutrin* (Chant I), ne voit-elle pas

> .... par le coche et d'Évreux et du Mans
> Accourir à grands flots ses fidèles Normands?
> Elle y voit aborder le marquis, la comtesse,
> Le bourgeois, le manant, le clergé, la noblesse.

COLLETET (François).

— Le Tracas de Paris ou la seconde partie de *la Ville de Paris, Paris, Antoine Rafflé*, in-12, VI-84 p.

Voir dans le poëme de Colletet, suite à *la Ville de Paris en vers burlesques* de Berthod, *la Description d'un coche qui part de Paris*,

> .... cette grande chambre d'osier,
> Qu'on voit par le milieu plier,
> Et qui par les deux bouts balance
> Si fort, qu'il semble qu'elle danse !
> Quel plaisir de voir ce Cocher
> Yvre et rustique, trébucher......
> Car c'est un embarras estrange
> Qu'un si grand coche dans la fange :
> C'est presque un village roulant,
> Qui n'avance que d'un pas lent.

Voir aussi le très pittoresque tableau intitulé *Un Carosse plein de monde renversé* :

> .... C'est un carrosse renversé.
> Voyons, en dépit de la presse,
> Sortir la boueuse Noblesse
> Du creux de ce branlant estuy,
> Qui ne branlera d'aujourd'huy.

1667

DIALOGUE entre Cartouche et Mandrin où l'on voit Proserpine se promener en cabriolet dans les enfers. *Paris*.

Pièce citée par E. d'Auriac (*Histoire de l'Industrie française*, p. 148.) « Tout le monde — dit M. d'Auriac, en parlant de cette première apparition du cabriolet — voulut alors aller dans cette légère voiture, qni n'avoit que deux roues et n'était attelée que d'un cheval. C'était le goût à la mode, la fureur de tout Paris, poussée à un tel point que l'on put écrire :

> La mode en devient si commune
> Que les savetiers du Palais
> Se promènent en cabriolet
> Avec les marchandes de prunes.

1668

LA FONTAINE (JEAN DE).
— Fables choisies, mises en vers. *Paris Barbin.* in-4, 28 f. 284 p.

Voy. (Livre VII, fable IX) *le Coche et la Mouche,* cette immortelle mouche, qui tournera autour des carrosses de tous les âges. Mais son bourdonnement nous autoriserait à peine à inscrire ici le nom du grand fabuliste, si nous ne trouvions dans les

— Œuvres diverses de M. de La Fontaine. *Paris, Vve Pissot,* 3 vol. in-8,

le pittoresque récit d'un voyage fait dans le carrosse de Poitiers qu'il est amusant de rapprocher du voyage fait par Mlle de Scudéry dans le carrosse de Rouen : « Nous partirons demain 26 et nous irons prendre au Bourg-la-Reine la commodité du carrosse de Poitiers, qui y passe tous les dimanches. Là se doit trouver un valet de pied du roi, qui a ordre de nous accompagner jusqu'à Limoges (Lettres à Mme de La Fontaine, 25 août 1663) ». — « Le dimanche étant arrivé, nous partîmes de grand matin...... Nous y attendîmes près de trois heures (à Bourg-la-Reine). Dieu voulut enfin que le carrosse passât, le valet de pied y était, point de moines, mais en récompense trois femmes, un marchand qui ne disait mot et un notaire qui chantait toujours et qui chantait très mal. Il reportait en son pays quatre volumes de chansons. Parmi les trois femmes, il y avait une Poitevine, qui se qualifiait comtesse. Elle paraissait assez jeune et de taille raisonnable, témoignait avoir de l'esprit, déguisait son nom et venait de plaider en séparation contre son mari ; toutes qualités de bon augure, et j'y eusse trouvé matière de cajolerie, si la beauté s'y fut rencontrée, mais sans elle rien ne me touche ; c'est à mon avis le principal point..... Telle était donc la compagnie que nous avons eue jusques au Port-de-Pilles. (Lettre du 30 août 1663.1 »

Quant aux carrosses de la cour, La Fontaine, en ses œuvres, ne les voit passer qu'une fois (Relation de l'entrée de la reine dans Paris, le 26 août 1660) et en un moment de distraction galante :

> Mais comment de ces vers sortir à mon honneur ?
> Ceci de plus en plus m'embarrasse et m'empêche ;
> Et de fièvre en chaud mal, me voici, Monseigneur,
>   Enfin tombé sur la Calèche.
> On dit qu'elle était d'or, et semblait d'or massif
>   Et qu'il s'en fait peu de pareilles ;
> Mais je ne pus la voir tant j'étais attentif
>   A regarder d'autres merveilles.

1671

SCHEFFER (JEAN).

— De Re vehiculari veterum libri duo. Accedit Pyrrhi Ligorii. V. C. de Vehiculis fragmentum nunquam ante publicatum, ex Bibliotheca Sereniss. Reg. Christinæ, cum ejusdem I. Schefferi Arg. annotationibus. *Francofurti, ex Officina Zunneriana*, M D C LXXI, in-4, IV-422 p.

Illustré d'un frontispice et de nombreuses figures dans le texte.

Ouvrage publié en Allemagne mais ayant été placé dans les bibliothèques de tous les pays comme le travail le plus complet ayant été jusqu'alors, consacré à l'histoire des véhicules dans l'antiquité.

1671-1696

SÉVIGNÉ (MARIE DE RABUTIN-CHANTAL, marquise de).

— Lettres de Madame de Sévigné, de sa famille et de ses amis, recueillies et annotées par

M. Monmerqué, *Paris, Hachette*, 1862-1866, 14 vol. in-8.

Nous n'avons pas la prétention d'indiquer tous les passages de l'immortelle correspondance de Mme de Sévigné, relatifs au *driving* primitif et pourtant pompeux du XVIIe siècle. Nous ne pouvons cependant résister à la tentation de transcrire quelques lignes dans lesquelles la très voyageuse marquise parle des véhicules employés ou rencontrés par elle à Paris et sur les grands chemins.

Sa voiture habituelle est bien entendu le carrosse, dans lequel il est possible de rêver, causer et lire, carrosse à six chevaux, attelage parfois difficile à former et à garder en bon état jusqu'au terme du voyage : « Il (l'abbé de Coulanges) a voulu me donner ses deux chevaux pour m'en faire six, avec son cocher et Beaubin ; il n'y a que l'ingratitude qui puisse me tirer d'affaire (12 mai 1676) ». — « Nous avons été fort incommodés de la chaleur. Un de mes plus beaux chevaux demeura dès Palaiseau, les autres six ont tenu bon jusqu'ici (23 mai 1671) ». — « Mon équipage est venu jusqu'ici sans aucun malheur, ni sans aucune incommodité ; hier au soir, en menant abreuver mes chevaux, il s'en noya un, de sorte que je n'en ai plus que cinq ; je vous ferai honte, mais il n'y a pas de ma faute. On me fait compliment sur cette perte ; je la soutiens en grande âme. Je n'aurai point mon carrosse à ce Robinet (27 juillet 1672). »

Mais lorsqu'il n'y a point d'incommodité, comme l'on songe et comme on lit dans ce vaste carrosse ! « Je suis partie avec votre portrait dans ma poche, je le regarde fort souvent ; j'ai votre idée dans l'esprit ; j'ai dans le milieu de mon cœur une tendresse infinie pour vous : voilà mon équipage (25 mai 1671). » — « Je lis dans le carrosse une petite histoire des vizirs, et des intrigues des sultanes et du sérail qui se laisse lire agréablement : c'est une mode que ce livre (15 mai 1676). »

Et, quand ce grand et confortable carrosse est placé sur un bateau qui descend lentement la Loire, le voyage est véritablement divin : « Nous sommes montés dans le bateau par le plus beau temps du monde ; j'y ai fait mettre le corps de mon grand carrosse, de manière que le soleil n'a point entrée dedans : nous avons baissé les glaces ; l'ouverture du devant fait un tableau merveilleux ; celle des portières et des petits côtés nous donne tous les points de vue qu'on peut imaginer. Nous ne sommes que l'abbé et moi dans ce joli cabinet, sur de bons coussins : on a un petit fourneau, on mange sur un ais dans le carrosse, comme le roi et la reine : voyez, je vous prie comme tout s'est raffiné sur notre Loire (9 mai 1680). » Et l'enchantement continue jusqu'à Nantes, « dans ce carrosse si bien placé, si bien exposé (11 mai 1680). »

Sur terre, la rêverie, dans ce beau carrosse, est souvent dérangée par les cahots des chemins, mise en déroute par les accidents. « Elle (Mme de Sévigné) vous a conté son voyage de Dol, qui a été très heureux, lorsqu'elle a versé deux fois dans un étang et moi avec elle ; mais, comme je sais parfaitement bien nager, je l'ai tirée d'affaire sans nul accident (Lettre d'Emmanuel de Coulanges, 1er août 1685) ». — « Ma belle fille a mal à la tête, elle a versé dans son petit voyage, elle s'est cognée et deux de ses belles juments qu'on avoit dételées, se sont échappées ; on ne sait encore où elles sont, mon fils est en peine : voilà un petit ménage bien affligé (18 décembre 1689). »

Accidents de campagne, parfois meurtriers, comme celui de Mme de Saint-Pouanges sur la route de Fontainebleau : « Elle verse en chemin, une glace lui coupe son corps de jupe et entre dans son corps si avant qu'elle s'en meurt (12 juin 1680) » ; accidents de ville souvent aussi funestes : « Elle (la Providence) a fait mourir aussi la nièce de notre Corbinelli d'une étrange manière. Elle avait emprunté avec son oncle le carrosse d'un de ses amis ; un postier qui n'avait jamais mené, prit témérairement de jeunes chevaux ; il monte sur le siège ; il va choquant, rompant, brisant, courant partout, un cheval s'abat, le timon va enfiler un carrosse, d'où trois hommes sortent l'épée à la main ; le peuple s'assemble ; un de ces hommes veut tuer Corbinelli : « Hélas ! messieurs, leur dit-il, vous n'en serez pas mieux, le cocher n'est point à moi, nous sommes au désespoir contre lui ». Cet homme devient son protecteur, le tire de la populace, mais il ne tire pas sa pauvre nièce d'une frayeur si excessive que quatre jours après, elle meurt (13 août 1688) ». Par la faute du postier, comme devait mourir la pauvre Mme de Saint-Pouange, à la suite d'un accident « arrivé, selon Bussy-Rabutin, par l'ivrognerie de son cocher. »

Aussi la marquise de Sévigné tenait-elle à avoir, ou à penser avoir en une illusion voulue, un cocher sobre et adroit. Elle prisait fort le sien, ne lui reconnaissant qu'un léger défaut : « Mon cocher est admirable, mais il est trop hardi ; M. de Guitaut dit qu'il l'estime de deux choses : l'une est d'être un bon cocher, l'autre de mépriser mes cris (29 août 1677) ». Et à un bon serviteur il ne faut pas refuser d'aides : « Êtes-vous bien contente de n'avoir qu'un palefrenier ? J'en mène trois, Lombard, Langevin et la Porte : c'est un meuble, qui me paraît fort nécessaire (7 août 1677) ».

Si Mme de Sévigné aimait aussi les carrosses, elle raffollait des calèches, ces nouvelles voitures semi-ouvertes, si agréables l'été : « C'est une aimable demeure que ce Fouesnel ; nous y fûmes hier, mon fils et moi, dans une calèche à six chevaux. Il n'y a rien de plus joli ; il semble qu'on vole (1er juillet 1671) ». — « Je partis donc mardi. Nous avions quatre chevaux à chaque calèche, cela va comme le vent (16 décembre 1671). »

Elle ne dédaigne pas pour cela la litière, asile si sûr dans les chemins ravinés et où l'on peut si bien deviser face à face : « Ah ! que nous aurions grand besoin de faire un petit voyage en litière, seulement jusqu'à Bourbilly ! (6 décembre 1679) ». — « Voilà ce qui entretient mes réflexions dans les bois où je rêve souvent ; ce serait bien une *litière* si nous y étions ; j'ai des allées, où je défie aucun secret de ne pas sortir, entre chien et loup principalement (17 juillet 1680) ». Elle se réjouit parfois de ces voyages en litière et s'obstine à les accomplir : « J'étais toute habillée à huit heures, j'avais pris mon café, entendu la messe, tous les adieux faits, le baudet chargé, les sonnettes des mulets me faisaient songer qu'il fallait monter en litière ; ma chambre était pleine de monde qui me suppliait de ne point sortir.... Je résistais hardiment à tous ces discours, lorsque, tout d'un coup, M. de Grignan, en robe de chambre d'omelette, m'a parlé si sérieusement de mon entreprise, que mon muletier ne suivrait pas ma litière, que mes mulets tomberaient dans les fossés, que mes gens seraient mouillés et hors d'état de me secourir, que j'ai entièrement cédé à ces sages remontrances (20 décembre 1672). »

Voilà pour les véhicules employés par la marquise elle-même Quant à ceux d'autrui, ils passent, spirituellement et souvent malicieusement indiqués dans sa correspondance. Ce sont d'abord les équipages du roi où, peut-être même. comme présentant un effort supérieur d'élégance et de faste, ceux des maîtresses royales : « Nous suivons les pas de Mme de Montespan. Elle est dans une calèche à six chevaux, avec la petite de Thianges. Elle a un carrosse derrière, attelé de la même sorte, avec six filles ; elle a deux fourgons, six mulets et dix à douze cavaliers à cheval, sans ses officiers. Son train est de quarante-cinq personnes (5 mai 1676) ». — « Il se trouva, dans la cour de Saint-Germain, le matin, un très bon carrosse tout neuf à huit chevaux avec des chiffres, plusieurs chariots et fourgons, quatorze mulets, beaucoup de gens habillés de gris et dans le fond du carrosse, la plus belle personne de la cour (20 février 1680) ». Cette personne était Mlle de Fontanges.

Mais si la marquise de Sévigné est quelque peu éblouie par ces équipages de cour, elle n'a pas assez de dédain pour les nouvelles voitures publiques, ces diligences, où voyagèrent pourtant et le marquis de Sévigné et la comtesse de Grignan elle-même : « Il me semble que c'est une chose toute désassortie que de porter dans cette diligence. que tous les diables emportent, une langueur amoureuse, une amour languissante. Le moyen d'imaginer qu'un état si propre à passer le jour dans un bois sombre assis au bord d'une fontaine, ou bien au pied d'un hêtre, puisse s'accommoder du mouvement immodéré de cette voiture ? Il me paraît que la colère, la furie, la jalousie, la vengeance seraient bien plus convenables à cette manière d'aller (26 juillet 1677) ». — « Au reste je ne m'en dédis pas, j'ai vu passer la diligence, je suis plus persuadée que jamais qu'on ne peut point languir dans une telle voiture et pour une rêverie de suite, hélas ! il vient un cahot qui vous culbute et l'on ne sait plus ou l'on en est (18 août 1677). »

Quant aux équipages des gentilshommes provinciaux, la

marquise a pour eux des railleries impitoyables, soit que l'on s'exerce aux États de Rennes, aux grandes façons de la cour : « J'oubliois de vous dire qu'il y avait six carrosses à six chevaux et plus de six à quatre (6 août 1680) », soit que l'on reste fidèle, en quelque pays perdu, aux modes de locomotion les plus antiques ; « Quand il me vient des Madames, je prends vîtement mon ouvrage, je ne les trouve pas dignes de mes bois, je les reconduis ;

   La dame en croupe et le galant en selle

s'en vont souper, et moi je vais me promener (9 juin 1680). »

1672

MOLIÈRE (J. A. P.).
— Les Femmes sçavantes. *Paris, Pierre Promé*, in-12, 92 p.

Nous sommes heureux de pouvoir inscrire ici le nom de Molière en transcrivant l'épigramme célèbre des *Femmes scavantes* (acte III, scène II) :

  SUR UN CAROSSE DE COULEUR AMARANTE
   DONNÉ A UNE DAME DE SES AMIES.

   L'Amour si cherement m'a vendu son lien
   Qu'il m'en couste déjà la moitié de mon bien.
    Et, quand tu vois ce beau carosse
    Où tant d'or se relève en bosse
    Qu'il étonne tout le païs
   Et fait pompeusement triompher ma Lays,
    Ne dy plus qu'il est amarante,
    Dy plûtost qu'il est de ma rente.

Chacun connaît la suite et sait comment *cela se décline*. Mais ce n'est pas, dans l'œuvre de Molière, la seule citation à faire relativement aux carrosses. L'un des premiers *fâcheux* importunant Eraste est celui qui lui parle d'une primitive calèche :

  Marquis, allons au Cours faire voir ma galeche ;
  Elle est bien entendüe, et plus d'un duc et pair
  En fait à mon faiseur faire une du mesme air.

Et Eraste craignait de ne pouvoir s'en délivrer

> Lorsqu'un carosse fait de superbe maniere,
> Et comblé de laquais et devant et derriere,

s'arrête à grand bruit et lui permet de s'esquiver pendant les embrassades de l'importun et du jeune maître du carrosse.

Comment oublier l'équipage d'Harpagon, dont les chevaux observent « des jeusnes si austeres que ce ne sont plus rien que des idées ou des fantosmes, des façons de chevaux », et le coche d'où descend M. de Pourceaugnac après avoir mangé son pain avec tant de grâce ? Mais l'on est surpris, en ce siècle de l'ampleur, de la pompe et de la majesté, où les énormes carrossiers n'étaient pas faits pour déplaire, d'entendre le maître à danser du *Bourgeois gentilhomme* (Acte II, scène II) traiter le maître d'armes, en manière d'outrage, de *grand cheval de carrosse!*

1675 (vers)

LOIR (frères).

— Desseins pour embellir les Chaises roulantes, nouvellement inventez par N. Loir et gravez par A. Loir. *A Paris, chez Mariette*, s. d. in-fol.

Suite de 6 planches, y compris le titre. Un exemplaire de cette suite très rare faisait partie de la bibliothèque du baron Pichon (n° 565 du catalogue).

— Nouveaux desseins pour l'embellissement des Carosses, Panneaux, Lambris, nouvellement inventez, par N. Loir et gravez par A. Loir. *A Paris, chez Mariette*, s. d. in-fol.

Suite de 6 pièces.

— Nouveaux desseins d'Ornemens, de Panneaux, Lambris, Carosses, inventez et gravez par A. Loir. *A Paris, chez N. Langlois*, s. d. in-fol.

Les pièces de ces suites ont été reproduites dans *l'Architecture à la mode*, de Mariette (2ᵉ vol.) et dans *l'Architecture à la mode* de Langlois.

1680 (vers)

BERAIN (JEAN), le père, dessinateur de la Chambre et du Cabinet du Roi.

— Œuvres de Jean Berain, dessinateur ordinaire du Roy, recueillies par les soins du sieur Thuret, son gendre et horloger du Roy.

L'on trouve parmi les pièces de ce volume que l'on rencontre encore dans son état primitif, ces trois planches : chaises à porteur, le côté et le derrière ; caisse de carrosse ; fond et côté de la chaise à porteurs.

Dans un recueil in-fol. de la Bibliothèque de Paris, intitulé *Œuvres de Berain* (E. L. 65.) se trouve une pièce *Chaise à porteurs* et trois pièces *Voitures et Roue de navire*.

L'on attribue souvent à Berain les six pièces suivantes qui ne portent aucune signature :

1º Décor de carrosse. Côté du premier carrosse doré, dont les panneaux sont de glaces de miroir et les clous de cristal ;

2º Derrière du premier carrosse doré ;

3º Face du train de derrière du premier carrosse doré, plus la roue et la moitié du siège ;

4º Divers motifs de broderie pour l'intérieur du carrosse ;

5º Motif de broderie pour le fond du premier carrosse ;

6º Impériale du premier carrosse.

1681

CHAPELLE (JEAN DE LA).

— Les Carrosses d'Orléans, comédie en un acte, en prose, avec une Préface dans laquelle l'auteur justifie la prose dans les pièces de théâtre. *Paris, Ribou*, in-12.

Représentée par la troupe de Guénégaud, le 9 août 1685 ; réimprimée dans le T. X du Recueil intitulé *Théâtre François* (p. 495-536).

1685

HAUTEROCHE (Noel Le Breton, sieur de).
— Le Cocher supposé, comédie en un acte, en prose. *Paris, Pronié,* 1685, in-12.

Représentée le 9 avril 1684.

Une nouvelle édition, sous le titre *Le Cocher*, est donnée *à Paris, aux dépens de la Compagnie*, 1752, in-8, 34 p.

Le cocher Morille ne parle guère, dans cette pièce, des carrosses du XVIIe siècle, mais il s'y justifie de façon plaisante de friponneries qui, hélas ! appartiennent à tous les temps : « Que vous plaît-il Monsieur ? Faut-il mettre les chevaux au carosse ? Ils sont en bon état. Aussi, je puis dire sans vanité que, dans tout Paris, il n'y a pas de cocher qui prenne tant de soin de ses chevaux que moi, je viens de les ramener de chez le maréchal. — Pourquoi les as-tu menés chez le maréchal ? — C'est qu'il y en avait un, Monsieur, à qui un fer s'était cassé en revenant de l'abreuvoir et qu'à l'autre il manquait cinq à six clouds. — Tu as bien la mine de t'entendre avec le maréchal pour manger avec lui le fer et les clous. — Je ne suis pas de ces fripons-là et vous ne me connaissez pas. Je sais que la plupart des cochers s'entendent avec le sellier, le maréchal et le charron pour attraper de quoi boire ; mais je n'ai rien à craindre là-dessus. »

1687

DANCOURT (Florent Carton).
— Le Chevalier à la mode. Comédie en cinq actes, en prose. *Paris, Pierre Ribou,* 1687, in-12.

Dans cette comédie représentée le vendredi 24 octobre

1687, se trouve ce piquant dialogue relatif aux carrosses :

MADAME PATIN. — Une avanie... ah ! j'étouffe. Une avanie..... je ne saurais parler ; un siège...... Une marquise de je ne sais comment, qui a eu l'audace de faire prendre le haut du pavé à son carrosse.

LISETTE. — Voilà une marquise bien inquiétante. Quoi ! votre personne qui est toute de clinquant, votre carrosse doré qui roule pour la première fois, deux gros chevaux gris pommelés à longues queues, un cocher à barbe retroussée, six grands laquais, plus chamarrés de galons que les estafiers d'un carrousel ; tout cela n'a point imprimé de respect à votre marquise ?

MADAME PATIN. — Point du tout. C'est du fond d'un vieux carrosse, traîné par deux chevaux étiques que cette gueuse de marquise m'a fait insulter par des laquais tous déguenillés.

1688

LA BRUYÈRE.
— Les Caractères de Théophraste, traduits du grec, avec les caractères ou les mœurs de ce siècle. *Paris, Estienne Michallet*, in-12, 30 f. non paginés - 360 p.

Comment omettre de mentionner ici La Bruyère qui, dans sa géniale comédie, a si bien montré la fatuité de l'homme à carrosse avec la circonstance atténuante de la badauderie du public ?

« Tu te trompes, Philémon, si, avec ce carrosse brillant, ce grand nombre de coquins qui te suivent et ces six bêtes qui te traînent, tu penses que l'on t'en estime davantage ; l'on écarte tout cet attirail qui t'est étranger pour pénétrer jusques à toi, qui n'es qu'un fat.

« Ce n'est pas qu'il faut quelquefois pardonner à celui qui, avec un grand cortège, un habit riche et un magnifique équipage s'en croit plus de naissance et plus d'esprit : il lit cela dans la contenance et dans les yeux de ceux qui lui parlent. » (Du Mérite Personnel, 27.)

Il avait bien observé ces carrosses, au Cours-la-Reine, où, selon Germain Brice, l'on en comptait parfois sept ou huit cents :

« L'on s'attend au passage réciproquement dans une promenade publique ; l'on y passe en revue l'un devant l'autre : carrosse, chevaux, livrées, armoiries, rien n'échappe aux yeux, tout est curieusement ou malignement observé, et selon le plus ou le moins de l'équipage, ou l'on respecte les personnes, ou on les dédaigne » (De la Ville, 1.)

Il n'ignorait pas combien coûtait un tel luxe :

« Ils (nos ancêtres) ne savaient point encore se priver du nécessaire pour avoir le superflu, ni préférer le faste aux choses utiles... Ils ne sortaient point d'un mauvais dîner pour monter dans leur carrosse ; ils se persuadaient que l'homme avait des jambes pour marcher et ils marchaient. » (De la Ville, 22.)

Il dénonçait tous les pauvres expédients que l'on employait pour paraître :

« Les *Crispins* se cotisent et rassemblent dans leur famille jusques à six chevaux pour allonger un équipage, qui, avec un essaim de gens en livrées, où ils ont fourni chacun leur part, les fait triompher au Cours et à Vincennes, et aller de pair avec les nouvelles mariées, avec *Jason* qui se ruine, et avec *Thrason*, qui veut se marier et qui a consigné. » (De la Ville, 9.)

Il souriait en voyant les femmes de ville si faciles à éblouir.

« Une femme de ville entend-elle le bruissement d'un carrosse qui s'arrête à sa porte, elle pétille de goût et de complaisance pour quiconque est dedans, sans le connaître, mais, si elle a vu de sa fenêtre un bel attelage, beaucoup de livrées, et que plusieurs rangs de clous parfaitement dorés l'aient éblouie, quelle impatience n'a-t-elle pas de voir déjà dans sa chambre le cavalier ou le magistrat !.... On lui tient compte des doubles soupentes et des ressorts qui le font rouler plus mollement ; elle l'en estime davantage, elle l'en aime mieux » (De la Ville, 15).

Puis il riait tout-à-fait des excentriques qui roulent en carrosse tels que Ménalque (Brancas), le fameux distrait:

« Il revient une fois de la campagne : ses laquais en livrées entreprennent de le voler et y réussissent ; ils descendent de son carrosse, lui portent un bout de flambeau sous la gorge, lui demandent la bourse et il la rend. Arrivé chez soi, il raconte son aventure à ses amis, qui ne manquent pas de l'interroger sur les circonstances, et il leur dit : *Demandez à mes gens,* ils y étaient » (De l'Homme, 7)

1691

FRANQUEVILLE (DE).

— Le Miroir de l'Art et de la Nature, qui représente presque tous les ouvrages de l'art et de la nature, des sciences et des métiers, en trois langues : françoise, latine et allemande. *Paris*, in-8°.

Voy. (p. 213, n° LXXXIV) l'article consacré aux chariots et (p. 223, n° LXXXV) celui relatif aux voitures. Ces articles sont illustrés de très curieuses vignettes, sous lesquelles des numéros correspondent à ceux attachés, dans le texte, aux expressions techniques. Nous reproduisons les vignettes servant d'en-tête aux chapitres *Des Chariots* et *De la Voiture* et l'intéressant texte français joint à ce dernier article :

« Le charretier [1] attelle le cheval de limon au timon [2], à celuy de selle [3] avec des couroyes ou chaînes [5], attachées au collier des chevaux.

« Ensuite il monte sur le cheval de selle, il chasse avec son foüet [7] ceux de devant [6], il les gouverne avec les guides [8].

« Il engraisse l'aissieu avec du vieux-oing [9] qui est dans la boëtte, et il arreste la roüe avec un enrayoir [10] dans les descentes dangereuses, et conduit ainsi son char au travers des ornières [11]. Les grands seigneurs se font traîner à six chevaux [12] dans leurs carosses [13], avec un cocher et un postillon.

84

85

« Les autres dans des carosses legers [15] à deux chevaux [14]. On se fait porter dans des lictières [16] suportées sur des brancards [17] par deux chevaux ou mulets.

« On se serd de chevaux de bas [18] au lieu de chariots pour traverser les montagnes escarpées ».

1692

DUFRESNY (Charles-Rivière).

— L'Opéra de campagne, comédie en trois actes, représentée par les comédiens italiens de l'Hôtel de Bourgogne, le 4 février 1692.

Dans la scène IV de l'acte III, Arlequin lit une affiche facétieuse relative aux « Coches nouvellement établis dans Paris, pour la communication des quartiers éloignés. Ces voitures mènent en diligence du palais à l'hôpital général, et partent les jours d'audience ; de l'école de médecine aux incurables, et partent à toutes heures.

« Plus, le coche des Carneaux, destiné à ramener les gens de la noce : savoir les pères et mères qui marient une jeune fille à un vieillard, droit aux petites maisons ; le vieillard, aux Invalides ; la jeune femme, d'abord au Marché-Neuf, le lendemain au Pont-au-Change, de là aux Quatre Nations, et enfin aux Madelonnettes. Outre ces voitures publiques, il y en a de particulières, mieux étoffées, dans lesquelles certains riches quidans mènent en diligence les femmes les plus vertueuses, de la Monnoye à la Porte de la Conférence, et quelquefois jusque au Bois de Boulogne. Au même bureau, on loue à bail par heure des domiciles roulans, très commodes pour ceux qui veulent se marier sans avis de parens. »

L'Opéra de campagne a été inséré dans le *Théâtre italien de Gherardi* (édit. de 1741) Tome IV, p. 1-73.

DU PRADEL (Abraham), philosophe et mathématicien (Nicolas de Bligny).

— Le Livre commode contenant les Adresses de

la ville de Paris et le Trésor des Almanachs pour l'année bissextile 1692. *Paris, Ve Denis-Nion*, in-12. — Réimprimé et annoté par Édouard Fournier (*Paris, Paul Daffis*, 1878, 2 vol. in-12, LX-321, 399 p.)

Voy. dans cette dernière édition (T. I, p. 264-269), le curieux chapitre *Chevaux et Équipages* et les articles ci-dessous :

Carrosses de louage, remises (T. I, 166.); carrosses de route (T. II, 166.); carrosses à vendre (T. II, 323, 325, 348, 353, 367.); chaises de porteur (T. II, 339.); chaises roulantes (T. II, 9, 317, 355, 366.); charrettes de route (T. I, 263, T. II, 174.); chevaux et équipages (T. I, 264.); chevaux à vendre (T. II. 317, 319, 321, 323, 327, 333, 347, 353, 357, 360, 367.); coches par terre et par eau. (T. III, 172.)

Du Pradel avait, en 1691, publié une première édition de son travail sous le titre *Les Adresses de la ville de Paris*, dans laquelle le chapitre *Chevaux et Équipages*, intitulé *Des voitures parisiennes*, est beaucoup plus développé.

1694

ARLEQUINIANA ou les bons mots, les histoires plaisantes et agréables recueillies des conversations d'Arlequin. *Paris, F. et B. Delaulne et Michel Brunet*, in-12, XL-218 p.

Parmi ces histoires plaisantes, il faut citer : la dispute du Gascon et du Danois, dans *le carrosse ordinaire de Bourgogne* (p. 8); le carrosse de louage et le cocher chappier (p. 61) ; et le vassal, le seigneur et son carrosse (p. 212).

MÉNAGE (GILLES).
— Dictionnaire étymologique ou Origines de la langue françoise, nouvelle édition revue te

corrigée par l'auteur, avec les Origines françoises de M. de Cazeneuve. *Paris, Jean Anisson*, in-f° cvi-740, viii-102 p.

Voy. dans ce dictionnaire, les articles CARROSSE (p. 164) et COCHE (p. 205) très développés. Voy. aussi, les mots CALÈCHE, CHAR, etc., etc. et, dans le dictionnaire de Cazeneuve, le mot CARROSSE.

1699

LISTER (Dr MARTIN).
— A Journey to Paris in the year 1698. *London, Jacob Tonson*, in-8, 245 p.

Illustré de six planches.
Cette relation de voyage à Paris, l'une des premières écrites par un Anglais, a eu quatre éditions et a été traduite en allemand. La première traduction française en a été donnée, en 1873, par la *Société des Bibliophiles français* (*Paris, typ. Lahure*, gr. in-8, III-XXVIII 344 p.) L'ouvrage de Lister contient de précieux renseignements relatifs aux carrosses du XVIIe siècle : « Il y a ici un grand nombre de carrosses fort ornés de dorures ; mais il y en a très peu, et encore appartiennent-ils tous à la haute noblesse, qui soient grands et à deux fonds. Ce qui leur manque en grandeur et en élégance, si nous les comparons aux nôtres de Londres, est amplement compensé par la commodité dont ils sont et leur facilité à tourner dans les rues les plus étroites. Dans ce but, ils sont tous à col de cygne avec les roues de devant très basses; elles n'ont pas plus de deux pieds et demi de diamètre. Il est bien plus aisé d'y monter, et le siège du cocher étant plus bas en conséquence, vous permet de voir quelque chose par la glace du devant, tandis que, chez nous, le cocher est, sur son siège élevé, le seul point de vue que nous ayons. Tous, jusqu'aux fiacres, ont aux quatre coins de doubles ressorts qui dissimulent tous les cahots.

« Outre les voitures des gens riches, il y a ici des voitures de remise qu'on loue au mois : elles sont bien dorées, ont de bons chevaux et des harnais propres. Ce sont des voitures que les étrangers prennent au jour et au mois, sur le pied de trois écus d'Angleterre, environ, par jour (18 à 19 francs à peu près), c'est ce qui fait le malheur des fiacres et des chaises à porteurs, qui sont les plus sales et les plus misérables voitures qu'on puisse imaginer. Elles ne laissent pas d'être aussi chères qu'à Londres, et encore il n'y en a guère.

« Il y en a pourtant encore une autre espèce dans cette ville que j'aurais voulu en premier lieu passer sous silence, la prenant d'abord pour quelque mauvaise plaisanterie... Ce sont les vinaigrettes, c'est-à-dire une caisse de voiture sur deux roues, traînée par un homme et poussée par derrière par une femme ou un enfant ou bien par tous les deux à la fois. »

XVIIIe SIÈCLE

1704-1705

EDIT du Roi, portant création d'Offices de Commissaires-Contrôleurs-Inspecteurs des Messageries, Coches, Carosses, Litières, Rouliers, Mulletiers, et autres Voitures publiques, tant par eau que par terre ; avec attribution d'un sol pour livre par augmentation sur le prix desdites Voitures (septembre 1704).

EDIT du Roi, portant supression des Offices de Courtiers-Facteurs des Rouliers et création d'Offices de Courtiers-Facteurs, Commissionnaires des Rouliers, Mulletiers et autres Voitures par terre (février 1705).

DÉCLARATION du Roi, en interprétation des Edits des mois de septembre et d'octobre 1704, concernant le sol pour livre par augmentation sur le prix des Voitures (du 24 mars 1705).

EDIT du Roi, portant supression des Offices de Commissaires-Contrôleurs et Inspecteurs des Voitures, créez par Edit du mois de septembre dernier, et qui fait défenses d'en percevoir les droits après la publication du présent Édit (juin 1706).

Edits insérés dans le *Recueil des Edits, Déclarations, Lectres Patentes, Arrests et Règlemens du Roy. Registrés en la Cour du Parlement de Normandie* depuis l'an 1700 jusqu'en 1706. (*Rouen, N. de Rich. Lallemant,* in-4, p. 277, 371, 387, 409.)

1712

MAROT (Daniel), architecte, dessinateur et graveur.
— Œuvre du Sieur D. Marot, architecte de Guillaume III, roy de la Grande-Bretagne, contenant plusieurs pensées utiles aux architectes, peintres, sculpteurs, orfèvres, etc. *A Amsterdam, chez l'auteur*, in-fol.

Signalons dans l'Œuvre de Marot, contenu presque entièrement dans ce volume, les pièces suivantes :

Dessins de carrosses. Six, datés de 1698 ;
Nouveau livre d'ornemens propres pour faire en broderie et petit point. Six pièces, qui représentent une housse et un caparaçon de cheval, etc.

Six pièces de *Carrosses et Chaises à porteurs*, qui n'existent pas dans ce volume, sont indiquées dans le *Catalogue de l'œuvre de Marot*, par M. Bérard père.

1713

PICART (Bernard), dessinateur et graveur.
— Premier des magnifiques carrosses de Monseigneur le Duc d'Ossuna, ambassadeur extraordinaire et premier plénipotentiaire de Sa Majesté Catholique Philippe V, etc., *chez A. Picart, à Amsterdam*.

Suite de six pièces, dont une double, qui représentent le carrosse entier. Très belle ornementation de style Louis XIV.

1714

LETTRE d'un Silicien (Sicilien) à un de ses amis, contenant une agréable critique de Paris et des Français. Traduite de l'Italien. *Chambéry, P. Maubat*, in-12, 48 p.

Voy. dans cette lettre, publiée pour la première fois dans e *Saint-Evremoniana* (*Paris,* 1701, in-8, p. 185), l'article *Bruit des carrosses et des cloches :* « Quand le précepteur de Néron écrivit de la tranquilité de sa vie, je crois qu'il en prit le sujet sur les carrosses de louage de son temps, en opposant le repos au bruit continuel qu'ils faisoient à Rome. Il y en a ici un nombre infini, qui ne sont faits que pour tuer les vivants ; les chevaux qui les tirent mangent en marchant comme ceux qui menoient Sénèque à la campagne tant ils sont maigres et décharnés. Les cochers sont si brutaux, ils ont la voix si enrouée, si effroyable et le claquement continuel de leurs fouets augmente le bruit d'une manière si horrible, qu'il semble que toutes les furies soient en mouvement pour faire de Paris un enfer. Cette voiture cruelle se paie par heure, coutume inventée pour abréger les jours dans un temps où la vie est si courte. »

1714-1794

JOURNAL HISTORIQUE sur les matières du temps. (*Journal de Verdun.*)

La volumineuse collection de ce périodique, qui a plusieurs fois changé de titre et de rédaction, contient un certain nombre d'articles relatifs aux voitures, dont voici les principaux :

— Carrosse magnifique fait par ordre du roi pour les entrées des ambassadeurs étrangers (août 1714).
— Ordonnance du prévost des marchands de la ville de Paris, du 30 décembre 1719, règlant le prix des voitures et charrois des ports (février 1720).

— Voitures publiques ; prix des places et du port des hardes augmenté d'un quart en sus, jusqu'au premier juillet 1720 (août 1720).
— Lettres patentes du 12 septembre 1739, registrées au grand conseil du 17 octobre, portant règlement entre les fermiers des voitures de la cour et les loueurs de carrosses de Paris (février 1740).
— Bruit d'une imposition sur les carrosses (février 1743).
— Nouvelle invention d'un carrosse où l'on ne risque rien, quoique les chevaux prennent le mors aux dents, éprouvé à Hanovre le 7 novembre 1752 (février 1753).
— Manière de perfectionner les carrosses et autres voitures à 4 roues par M... Analyse de son mémoire (juillet 1753).

1721

RÉAUMUR (René-Antoine-Ferchault de).
— Moyen de mettre les Carrosses et les Brelines en état de passer par des chemins plus étroits que les chemins ordinaires et de se tirer plus aisément des ornières profondes.

Publié dans les *Mémoires de l'Académie royale des Sciences*, à la date du 21 janvier 1721, moyen imaginé par le célèbre Réaumur, à la suite d'un voyage assez laborieux par des chemins de campagne : « Dans un voyage que je fis l'an dernier en bas Poitou, l'essieu des petites Roues de ma Breline étoit continuellement accroché ; pendant plus de dix lieües de traverse, il me falloit d'instant en instant faire élargir le chemin : je n'avançois qu'avec le secours de pionniers. Ces sortes de chemins sont creux, leurs bords sont en talus ; les charrettes y passent aisément parce que l'Essieu de leurs roues est assez élevé ; il rencontre comme il en a besoin, une voye beaucoup plus large que celle des petites. Les Essieux des grandes roues de Carrosse et de Breline y passent avec la même facilité ; mais les Essieux des Petites Roues se trouvent arrêtés,

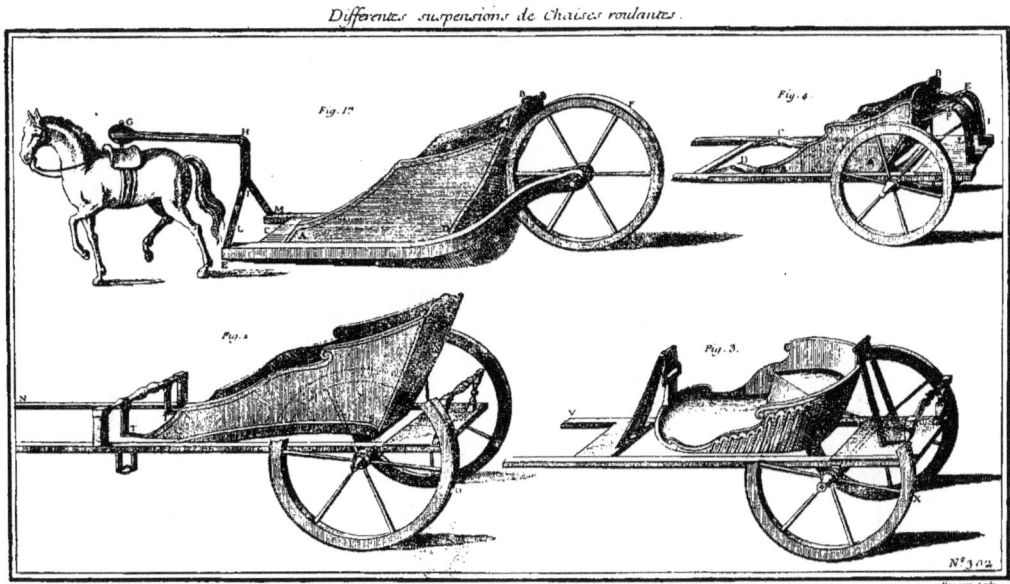

Différentes suspensions de Chaises roulantes.

ils se présentent à une hauteur où le chemin est plus étroit. » Au voyage suivant, Réaumur fit raccourcir les essieux des petites roues de sa *breline* en retranchant quatre pouces et demi à la partie saillante extérieure à la voiture et demi pouce, de l'autre côté. Il en sentit tout l'avantage, et passa sans être accroché par les mêmes chemins où, la saison précédente, il l'était à chaque instant.

1723

SAVARY-DESLANDES.
— Dictionnaire universel de commerce, d'histoire naturelle, d'arts et métiers. *Paris, Estienne,* 3 vol. in-f°.

Ce *Dictionnaire de commerce*, qui a eu de nombreuses éditions postérieures, contient un article très long et très documenté sur les : carrosse, carrosse coupé (et calèche), carrosse drapé, carrosse bourgeois, carrosse de remise, carrosse au mois, carrosse de louage, berline, carrosse de voiture, carrosse de la diligence, chaises (chaises roulantes, soufflets, guinguettes et phaétons). L'auteur entend par le mot *chaise* non des chaises à porteurs mais les voitures à deux roues, telles que les *Phaëtons*. « C'est ce dernier nom qu'elles mériteroient toutes, par la témérité des jeunes gens de qualitez, sans expérience, qui les conduisent. »

1735

MACHINES et inventions approuvées par l'Académie royale des Sciences, depuis son établissement jusqu'à présent ; avec leur Description. Dessinées et publiées du consentement de l'Académie ; par M. Gallon. *Paris, Gabriel Martin, Jean-Baptiste Coignard, Hippolyte-Louis Guérin,* 7 vol. in-4.

Ce recueil contient un grand nombre d'inventions relatives aux véhicules. Nous citerons parmi les principales :

Cylindre creux ou ressort à boudin pour suspendre le corps des carrosses, inventé par M. Thomas (1703); chaise à porteurs, inventée par l'abbé Wilin (1707); machine pour dételer ou détacher absolument et tout d'un coup les chevaux qui tirent un carrosse, lorsqu'ils prennent le mords aux dents, par M. de la Hire le Fils; carrosse inversable, inventé par M. de Camus ; traineau de nouvelle construction, inventé par M. d'Hermand, avec un moyen de diminuer les frottemens dans les machines (1713); tombereau qui se charge et qui marche par le moyen du vent, inventé par M. Du Quet; chariot à voiles inventé par M. Du Quet; manière de faciliter la descente d'une montagne à un chariot, inventée par le P. Ressin, de l'Oratoire (1714); chariot inversable, inventé par M. de la Chaumette; carrosse qui ne peut verser, inventé par M. de Camus (1717); chariot brisé, inventé par M. Le Large; carrosse qui ne doit point verser, inventé par M. du Tanney de Gourney; moyen de mettre les carrosses et les brelines en état de passer par des chemins plus étroits que les chemins ordinaires, par M. de Réaumur — voyez ci-dessus — (1721); odomètre ou comptepas, inventé par M Meynier (1724); application du moyen de diminuer les frottemens à une voiture, par M. de Mondran (1725); chaise de poste inversable, inventée par M. Godefroy (1726); chaise roulante, inventée par M. Maillard (1731); chaise de poste dont on peut faire un phaeton, inventée par M. Le Lièvre; carrosse qui ne peut verser, préparé par M. Du Quet; différentes suspensions de chaises roulantes, inventées par M. Maillard (1732)(1); tombereau qui se charge par le tirage du cheval, inventé par M. Du Quet; réflexions sur le tirage des charrettes et des traisneaux, par M. Couplet (1733) etc,. etc.

1740 (vers)

DE LA PIERRE, cocher.

— Le Parfait cocher, ou les règles pour bien

(1) Nous donnons ici une reproduction de cette planche comme spécimen de celles de cette publication.

Le parfait Cocher.

mener un carrosse, ouvrage posthume. *Paris*, in-12, 40 p.

Mentionné dans le *Catalogue des livres de Zooiatrique, composant la Bibliothèque de M. Huzard* (1785).

1741

GARSAULT (Fr.-A. de), ci-devant capitaine en survivance du Haras du Roi.
— Le Nouveau Parfait Maréchal ou la connoissance générale et universelle du cheval divisé en sept traités, in-4°. *La Haye*, 1741, *Paris*, 1755, 1770, 1778.

Nous trouvons dans la troisième édition (*Paris*, 1755, *Savoye*, in-4, xxxii f. non paginés - 641 p.), au *Traité de l'Écuyer*, les chapitres suivants relatifs aux attelages ;

- Ch. XIX. De l'équipage des chevaux de carrosse (p. 149-153);
- Ch. XX. Des harnois de chevaux de tirage (p. 153-155);
- Ch. XXVII. Du Cocher, Postillon et Chartier et de la façon de mener (p. 168, 179).
- Les planches XIII, XIV et XV sont consacrées à l'illustration de ces articles.

L'ORIGINE DES CABRIOLETS, conte allégorique et méchanique, orné de notes. *A l'Isle des Chimères* (*Paris, chez Tout le Monde*) 1755, in-12, 95 p.

Fantaisie spirituelle et originale, particulièrement dans le chapitre IV : *Origine des Cabriolets* et le chapitre V : *Bon tems pour les cochers*. « Tous les petits maîtres de l'isle exercent leur esprit à imaginer la voiture la plus gallante et la plus mignonne...... L'un étoit pour le *Cul de Lampe*, l'autre pour le *Cul de Singe*, un troisième pour la *Désobligeante*, etc., etc. Le moyen de s'accorder (p. 21). » Ce conte, non signé, est de Michel Marescot.

4

1744

LE PARFAIT COCHER, ou l'Art d'entretenir, et de conduire un équipage à Paris et en campagne, avec une instruction aux cochers sur les chevaux de carosse. *Paris, F.-J. Mérigot*, in-12, xxxii-373 p.

Orné d'un frontispice de Vernansal, (1) et contenant « une connoissance abrégée des principales maladies auxquelles les chevaux sont sujets. Ouvrage utile tant aux maîtres qu'aux cochers. »

Par F.-A. Aubert de la Chesnaye des Bois, le célèbre généalogiste, et dédié à M. de la Guérinière, écuyer du roy. Dans l'avant-propos, l'auteur dit avoir « consulté un des meilleurs cochers qu'il y ait à la Cour et à Paris...... l'habile Peretti, cocher de M. le duc de Nevers », et M. de la Rivière, sellier d'une grande réputation, qui demeure dans le Marais » et n'a point balancé de lui « apprendre la manière qu'un Carosse, Berline, Berlingot, Vis-à-vis, Chaises de poste doivent être montés pour avoir de la grâce. »

Véritable manuel du *Driving* en France tel qu'on le comprenait au siècle dernier, rempli de détails utiles et caractéristiques.

Le *Journal de Verdun* (juillet 1744) donne un compte-rendu de l'ouvrage de La Chesnaye des Bois, où se trouve ces lignes, d'après lesquelles *le Parfait Cocher* aurait été honoré des suffrages du célèbre écuyer Robichon de la Guérinière, et peut-être écrit d'après ses conseils:

« Ce qui peut faire penser favorablement de cet ouvrage, c'est que l'auteur l'a dédié à M. de la Guérinière...: il l'a vu en manuscrit ; on ne sait même s'il n'a point été fait sous ses yeux. » La tradition n'en a pas moins continué à attribuer la plus grande partie de la rédaction de cet ouvrage à Peretti ou plutôt, au comte de Nevers.

(1) Nous donnons ici la reproduction de ce frontispice.

1747

MARVYE (Martin), dessinateur et graveur.
— Fête publique donnée par la ville de Paris à l'occasion du second mariage de Monseigneur le Dauphin, le 13 février 1747. *Marvye, inv. Lemire et Tardieu sc.*

Cinq grandes pièces, qui représentent les chars que l'on vit défiler sur la place Vendôme, pendant la fête.

1750 (vers)

BAUDOUIN.
— Desseins de harnois pour les selliers, inventés par Baudouin. *A Paris, chez N. J. B. de Poilly, rue St Jacques, à l'Espérance.*

Suite de 7 planches, y compris le titre. Elles ne contiennent qu'un très petit nombre de lignes placées parfois au-dessus des motifs qui semblent les nécessiter le moins.

CAYLUS (Anne-Ch.-Ph. comte de).
— L'Histoire de M. Guillaume, cocher, *s. l. n. d.* petit in-12, xi-78, vi-103 p.

Divisé en deux parties et ayant pour titre un frontispice gravé représentant les instruments de la profession de cocher dans un blason posé sur un socle où se lit: *Histoire de Guilleaume* (1). « Quatre aventures d'amourettes », narrées par Guillaume successivement fiacre, remisier, cocher bourgeois. Réimprimé dans les

— Œuvres badines du comte de Caylus. *Paris, Visse,* 1787, 12 vol. in-8.

L'Histoire de Guillaume le cocher se trouve en tête du T. X, illustrée d'une planche de Monnet.

(1) Nous en donnons ici le fac-simile.

Auguste Poulet-Malassis a fait réimprimer cette *Histoire* dans les

— Mémoires et Réflexions du comte de Caylus, imprimés pour la première fois sur le manuscrit autographe suivis de l'*Histoire de M. Guillaume, cocher*, réimprimée sur l'édition originale, sans date. *Paris, P. Rouquette*, 1874, in-12, 162 p., non compris le titre, la table et un feuillet d'errata.

Le frontispice gravé à l'eau forte par Valentin, est la reproduction de la planche de Monnet.

Coutant d'Orville, dans le T. II des *Mémoires d'une grande bibliothèque* (p. 120), dit que cet ouvrage est d'un ami de Caylus plus jeune que lui ; il veut probablement parler du comte de Maurepas.

VANERVE (Louis).
— Dessein de carrosse d'ambassadeur, inventé et fait par *Vanerve, sculpteur, Paty F.*

Trois pièces qui, réunies en longueur, représentent le carrosse entier.

1750

LE CABRIOLET brisé, ou les courtauds humiliés, s. l. n. d., in-4, 4 p.

Illustré d'une planche repliée.
Pièce fournissant de précieuses indications sur les véhicules alors à la mode et qui est sans doute de l'abbé Cohier. La planche montre des voitures de diverses espèces.

ESSAI sur les mémoires de M. Guillaume. *s. l. n. d.*, in-12, x-100 p.

Cet ouvrage se trouve aussi dans les *Œuvres comptèles* de Chevrier. (T. III, p. 248-338.)

« M. Guillaume est, au moment où il publie ses mémoires, « un bon bourgeois d'auprès de Paris »; mais il se souvient toujours qu'il a été « cocher de place », qu'ensuite il a mené « un petit maître », qu'il a « planté là pour les chevaux d'une brave dame »; cette brave dame l'a fait ce qu'il est « au jour d'aujourd'hui ». Dans ces conditions-là, dit M. Guillaume, j'ai vu bien des choses. ... ce qui fait que je me suis mis à rêver en moi-même comment je pourrais les coucher par écrit ». Et M. Guillaume, dès qu'il pût prendre la plume, coucha sur le papier de très réjouissantes aventures.

1751-1780

ENCYCLOPÉDIE, ou Dictionnaire raisonné des Sciences, des Arts et des Métiers, par une société de gens de lettres. *Paris*, XXXIII vol. dont XI de planches, plus deux de tables.

L'*Encyclopédie* contient de fort intéressants articles relatifs à l'histoire des véhicules. Ils sont indiqués dans les deux volumes d'une table très soigneusement dressée, aux mots :

Berline (T. I, p. 166), Bourrelier (p. 192), Brancard (p. 195), Brouette (p. 200), Cabriolet (p. 207), Calèche (p. 214), Carrosse (p. 238), Chaise de poste (p. 264), Char (p. 284), Charrette (p. 287), Charrue (p. 287), Coche (p. 335), Cocher (p. 336), Diable (p. 500), Fiacre (p. 718), Harnois (p. 894); Laquais (T. II, p. 99), Livrée (p. 136), Menuiserie en voitures (p. 212), Roue (p. 611), Roulier, (p. 612), Sellier (p. 639), Traineau (p. 797), Vourste (p. 881.).

Mais les volumes de gravures, auxquelles sont jointes des pages explicatives, ont un intérêt autrement grand, et nous croyons utile d'indiquer ici les suites de gravures et les articles explicatifs qui les accompagnent :

BOURRELIER et bourrelier-bastier (T. I), contenant 7 planches et 3 pages d'explications :

Pl. 1. Boutique de bourrelier, ouvriers qui coupent

le cuir, qui percent, qui cousent, qui cirent le fil, outils comme l'écoffroi, les pinces, les couteaux, le serre-attache, etc.

2. Harnois de cheval de carrosse avec son détail.

3. Habillement de tête du cheval.

4. Suite de l'habillement de tête du cheval, sousbarbe, derrière de la muserolle, œillères, frontières, etc. Harnois d'un cheval de milieu, harnois des sixièmes chevaux, quand il y en a six.

5. Boutique du bourrelier-bastier ; ouvriers occupés à couper à piquer et à coudre, outils.

6. Harnois d'un cheval de brancard, harnois d'un cheval de tirage, etc.

7. Harnois d'un limonnier, harnois d'un chevillier, harnois d'un mulet et d'un âne.

Planches dessinées par Goussier, gravées par Deferht et Prévost.

CHARRON (T. II), contenant 8 planches, 6 simples et 1 double et 2 pages d'explications :

Pl. 1. Chantier ou hangard où des ouvriers travaillent. L'un ébauche une jante, un autre la plane en dedans, etc. avec les outils comme évidoir, loche, cognée, essette, etc.

2. Autre atelier, où des ouvriers évident les mortaises d'une jante, la font entrer dans le moyeu, planent des rais, etc., avec des outils comme la gouge, la tarrière, l'amorçoir, le ceintre, la plane, l'enrayoir, le jantier, etc.

3. Train d'un carrosse avec ses détails en élévation profil et plan.

4. Outils et ouvrages, une jante, un rais et le mouillet, etc.

5. Charrette ordinaire en élévation, en profil et en plan.

6. Tombereau et haquet fardier en élévation, profil et plan.

7. Haquet avec ses détails.

Planches dessinées par Goussier, gravées par Deferht, Prévost, Le Canu.

MANÈGE et équitation (T. VII), contenant 33 planches et 6 pages d'explications :

Pl. 27. Meubles d'écurie.

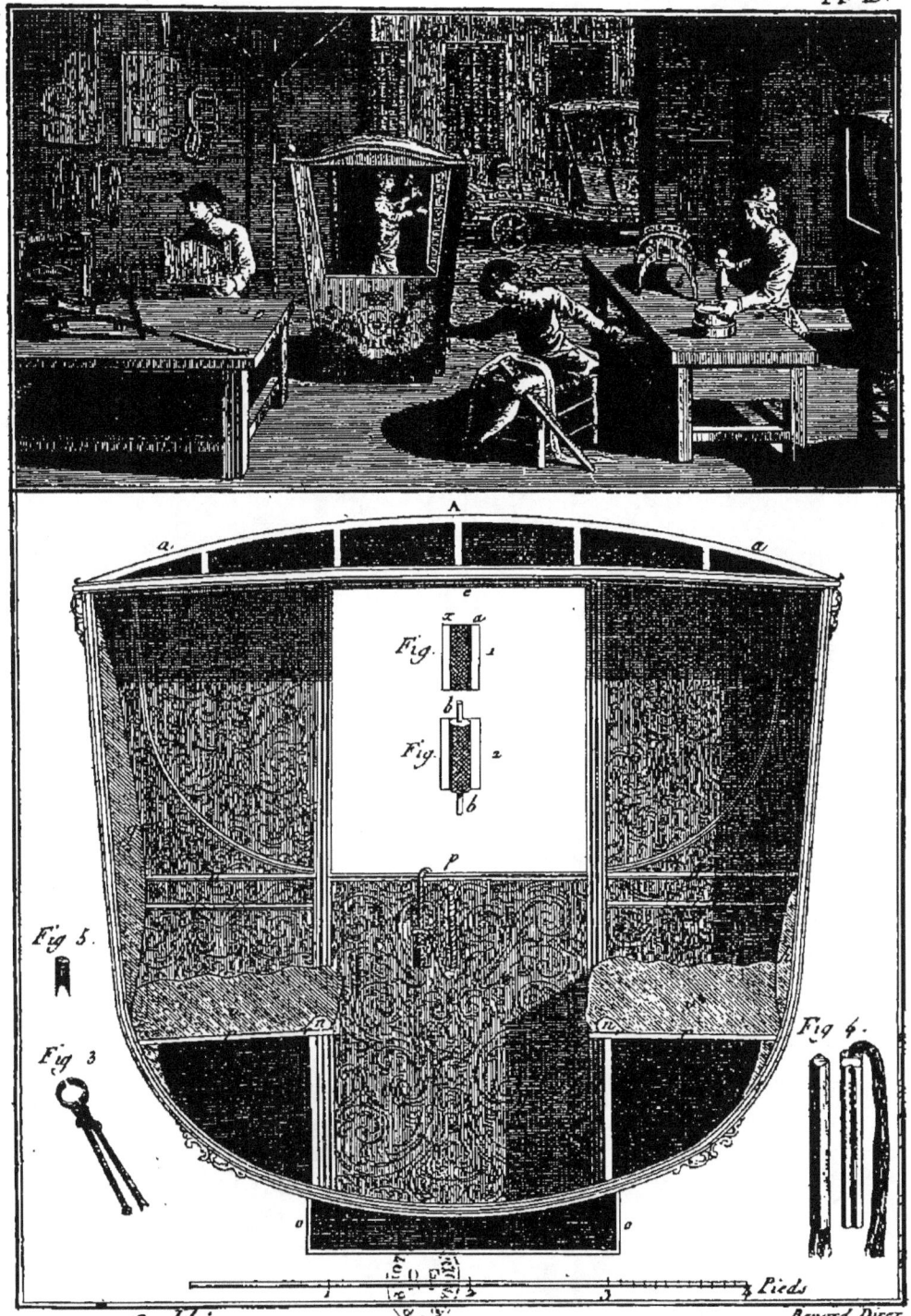

Sellier, Attelier du Sellier-Carossier, Coupe d'une Berline, &c.

28. Suite des meubles et ustensiles d'écurie.
Planches dessinées par Harguéniez, gravées par Benard.

Menuisier en voitures (T. VII), 30 planches et 9 pages d'explications :
Pl. 1. Atelier de menuisier en voitures. Ouvriers, ouvrages et outils.
2. Berline à la française.
3. Berline avec partie de ses détails.
4. Suite des détails de la berline.
5. Même matière.
6. Berline et profils.
7. Berline et profils.
8. Suite du même objet.
9. Diligence à l'anglaise.
10. Détails de cette diligence.
11. Vis-à-vis demi-anglaise.
12. Détails du vis-à-vis précédent.
13. Désobligeante à l'anglaise.
14. Détails de cette désobligeante.
15. Calèche.
16. Détails de la calèche.
17. Diable.
18. Détails du diable.
19. Chaise de poste.
20. Détails de cette chaise.
21. Cabriolet.
22. Détails du cabriolet.
23. Carrosse de jardin à quatre places.
24. Détails de la voiture précédente.
25. Carrosse de jardin à une place.
26. Chaise à porteur.
27. Détails de cette chaise.
28. Outils. Rabots à moulures.
29. Suite des mêmes outils.
30. Calèches et pièces de voitures.
Planches dessinées par Lucotte, gravées par Benard.

Passementier (T. XI), contenant 32 planches, à cause de 3 doubles et 6 pages de texte :
Pl. 10. Métier à livrée.

Planche dessinée par Lucotte, gravée par Benard.

SELLIER-CARROSSIER, contenant 25 planches équivalentes à 37 à cause de 14 doubles et 4 pages de texte.
Pl. 1. Atelier de Sellier-Carrossier, plan d'une selle à piquer, selle de chasse, selle rase ou à l'angloise, arçon de selle, élévation du devant d'un arçon, élévation du devant d'un autre arçon, élévation du derrière d'un arçon.
2. Panneau de selle, courroie de croupière, housse, coussinet, sangle, contre-sangle, courroie d'étrier, sous-ventrière, selle pour femme, plan de la selle, marchepié, arçon de selle de femme.
3. Equipage de cheval de chasse.
4. Berline ou vis-à-vis à deux fonds.
5. Berline ou vis-à-vis à panneaux arrasés.
6. Berline de campagne à cul de singe.
7. Berline de campagne à 4 portières.
8. Calèche ou gondole.
9. Diligence de Lyon.
10. Diligence à cul de singe.
11. Diligence montée sur des cordes à boyau.
12. Diable.
13. Chaise de poste à l'Ecrevisse.
14. Chaise de poste à cul de singe.
15. Chaise ou cabriolet.
16. Cabriolet à quatre roues.
17. Carrosses de jardin et vource ou voiture de chasse.
18. Chaise à porteur.
19. Brouette.
20. Développemens et leurs profils.
21. Développemens.
22. Développemens.
23. Outils.
24. Outils.
25. Outils.

Planches dessinées par Lucotte, et gravées par Benard.

SERRURIER, contenant 57 planches, équivalentes

à 59, à cause de 2 planches doubles et 12 pages. de texte :
- Pl. 43 Serrurerie en Ressorts. Ferrures de voitures.
- 44. Ferrures de voitures.
- 45. Ferrures de voitures.

Planches dessinées par Lucotte et gravées par Benard.

1752

VARIÉTÉS HISTORIQUES. Paris, 4 vol. in-12.

Voy. dans le T. II (p. 87) un *Mémoire sur l'usage des carrosses*.

1755

COYER (l'abbé GABRIEL-FR.)
— Bagatelles morales. *Londres et Paris, Duchesne*, in-12.

La pièce *Les cabriolets justifiés* occupe les pages 413-414.
Les *Bagatelles morales* ont été reproduites en tête du premier volume des *Œuvres complètes* de l'abbé Coyer (*Paris, Duchesne*, 1782-83, 7 vol. in-12).

LA GRANGE (NICOLAS DE).
— Le Phaëton renversé poëme héroï-comique, *Avignon et Paris, A. J.-B. Hérissant*, in-12, 103 p.

MAILHOL (GABRIEL).
— Le Cabriolet, *Marc-Michel Rez*, in-12.

Publié sans nom d'auteur ; seconde édition à la Haye, en 1760.

1756

ALMANACH du Cabriolet, Avec un Pot-Pourri en Vaudeville sur des airs choisis et connus, Pour la présente année, Par M***. *A Paris, C.-P. Gueffier, in-32.*

L'une des plus intéressantes publications relatives à cette petite question des cabriolets qui devait être, pendant le XVIII⁰ siècle, une constante occasion de petits pamphlets et de couplets badins.

« Cet almanach est un curieux recueil de couplets se rapportant presque tous au cabriolet qui venait de faire son apparition et était alors la voiture à la mode. L'auteur, très probablement Marescot, à qui l'on devait *le Cabriolet* « conte allégorique », débute par une épître dédicatoire à l'amour sur l'air *Du haut en bas* :

> De nos remparts,
> Amour on te croit le Génie,
> Sur les remparts
> On te fête de toutes parts ;
> C'est donc à toi que je dédie
> Cette voiture si chérie
> Sur les remparts.

Suit un acrostiche intitulé *Éloge du cabriolet*, dont voici l'**exacte** reproduction :

> **C**'est du cabriolet que naît le vrai bonheur ;
> **A**ux champs comme à la ville, il conduit la fortune,
> **B**annit de tous les cœurs la tristesse importune,
> **R**end au Vieillard cassé sa première vigueur,
> **I**rrite les désirs d'une folle jeunesse,
> **O**uvre à la volupté le chemin le plus doux ;
> **L**e Sage en fait son Char, de même que les Foux,
> **E**t par son vol léger, imite la tendresse
> **T**ant en règne à présent et surtout parmi nous.

L'Almanach du cabriolet, orné d'un frontispice très original, est rempli de petites pièces sur la voiture qui faisait alors « plus de tapage que Phaëton » et dont l'origine se trouve ainsi expliquée :

> Cabriolet, ce nom est drôle,
> Son origine, s'il vous plaît ;
> D'un T, mis après cabriole
> On en a fait Cabriolet.

Et l'on dit au provincial :

> D'un cabriolet fais l'achat,
> C'est la voiture à la mode.

Voici, sur un char qui conduit à Cythère les amants heureux, un dernier pot-pourri :

> Du Français c'est l'image,
> Par sa légèreté.
> Ce brillant équipage
> Plaît par sa nouveauté ;
> Il est si fort en mode,
> Ce Char colifichet,
> Qu'enfin tout s'accommode
> A la Cabriolet.

(Voy. *Les Almanachs français* par John Grand-Carteret, p. 65).

GARSAULT (Fr. A. de).

— Traité des Voitures, pour servir de supplément au *Nouveau parfait maréchal*, avec la construction d'une berline nouvelle nommée *l'Inversable*. *Paris. Damonneville*, in-4, 116 p.

Illustré de xvi planches, plus ii pour *l'inversable*.

L'ouvrage le plus complet publié au XVIIIe siècle au sujet des véhicules. Nous croyons donc utile d'en donner la division :

Introduction (p. 1-2); de la roue (p. 3-6); de l'aissieu et de la voie des roues (p. 6-8); de la charrue (p. 9-12); charrue sans roue (p. 12-13); des affûts de canons (p. 13-17); des voitures en général (p. 17-19); des voitures à une roue : brouette (p. 19-22); des voitures à deux roues : des haquets (p. 22-29); des charettes (p. 29-30); palaisote (p. 30); guimbardes et fausses guimbardes (p. 31-32);

moulinet (p. 32) ; des différents tombereaux, banneaux et camions (p. 33-38) ; des caissons, fourgons, fourgons de marée et de fariniers (p. 38-42) ; de la chaise de poste (p. 42-49) ; de la roulette, autrement brouette ou vinaigrelle (p. 49-51) ; des avant-trains en général (p. 51-55) ; des trirotes ou voitures à trois roues (p. 55-57) ; des voitures à quatre roues (p. 57-58) ; chariots à flèche, chariots de charbonnier (p. 58-61) ; du diable des marchands de chevaux et du wourst (p. 61-63) ; des coches, cabas, chariots à grand train et carosses (p. 63-70) ; des berlines, voitures à brancards et à quatre roues (p. 70-75) ; diligences (76-78) ; calèche, chaise à l'italienne ou soufflet et limonière (p. 78-81) ; des voitures sans roues, brancard, litière et chaise à porteur (81-86) ; des diverses soupentes et des ressorts de corde (86-90) ; l'inversable ou voiture en forme de berline construite et arrangée sur un système nouveau (p. 91-115).

OBSERVATIONS sur le privilège des carosses publics de Paris, vulgairement dits Fiacres, adressées à Messieurs les Cotitulaires de ce privilège. Par le Sieur Despinas, Ecuyer, Seigneur de Maisoncelle, ancien Lieutenant de Grenadiers dans le Régiment de Richelieu, ci-devant Munitionnaire des vivres, de la viande et des Hôpitaux tant ambulants que sédentaires, pour les Troupes de France au secours de la République de Gênes, pendant les campagnes de 1747, 48 et 49 ; et auparavant Inspecteur général des Equipages des Vivres et de l'Artillerie pendant les campagnes de 1744 et 45 ; qui sollicite le Soustraité général et exclusif dudit Privilège. *Paris, sans nom d'imprimeur*, in-4, 24 p.

Curieux factum, présentant un tableau de ce qu'étaient les fiacres vers le milieu du XVIIIe siècle, tableau sur bien des points exact encore aujourd'hui :

« N'est-ce pas une espèce de honte pour la France de voir la célébrité, que la magnificence et l'opulence de

Paris, sa ville capitale, lui donne chez tous les autres peuples, évanouie tout d'un coup par l'aspect hideux de près d'un millier de coquins répandus avec toute leur difformité dans les plus beaux quartiers de la Ville, couverts des livrées de l'indigence la plus délabrée, mal peignés, ivres dès le matin du vin dont ils se sont soulés la veille aux dépens de leurs maîtres, le visage tout couvert de blessures qu'ils viennent de recevoir pour leurs insolences et déterminés pour la plupart à pousser à bout les malheureux citoyens, que leurs affaires ou les mauvais temps forcent de hasarder leur vie dans leurs voitures ? Et quelles voitures, juste ciel ! Des Fiacres lugubres, tout couverts de boue au dehors, tout gras et infects au dedans, mal fermés et ouverts à tous les vents, ou bien vrais cachots ambulans, par leur manière d'être clos au moindre jour ; et pour finir cet odieux tableau, trainés par de misérables haridelles toutes décharnées et dont la maigreur et l'épuisement sont les véritables images de la triste situation de leurs déplorables propriétaires, qui, le plus souvent volés par leurs cochers, sont réduits à voler eux-mêmes leurs propres chevaux, en leur diminuant l'avoine et le foin qui leur sont nécessaires, pour avoir le pain dont ils ne peuvent absolument se passer. »

1757

HET POMPADOURE en cabriolette leeven, of de quintessence der mode, gedroomd door een veritabel Hollander. Tweede druk (La Vie à la Pompadour et en cabriolet, ou la quintessence de la mode, rêvée par un véritable Hollandais). *La Haye, H. Bakhuysen*, in-16, 147 p.

Ce volume — dit avec raison M. P. Lacombe *(Bibliographie parisienne,* p. 25) — ne serait-il pas une traduction du français ?

1760-1790

JANEL.
— Cahier de six Berlines anglaises (6 pl.);
— Carosses à la nouvelle mode de Paris (6 pl.);
— Diligences à la Française (6 pl.);
— Berlines à la Française (6 pl.);
— Riche Diligence montée sur ressorts.

Ce maître, dont l'œuvre appartiendrait plutôt à une iconographie qu'à une bibliographie du *Driving*, mais que sa notoriété nous a décidé à mentionner, travaillait de 1760 à 1790.

Toutes ces pièces ont été gravées par Choffart.

1763

LE CHANSONNIER français ou Recueil des chansons, arriettes, vaudevilles et autres couplets choisis, avec les airs notés à la fin de chaque recueil.

Nous trouvons dans le XVIe recueil, la chanson du *Postillon*, que nous appellerions aujourd'hui un monologue. Peut-être appartiendrait-elle plutôt à une bibliographie du *riding*, qu'à celle du *driving*, car le postillon accompagne un officier monté sur un cheval qu'il doit ramener à la poste précédente. Nous ne pouvons cependant résister à la tentation de la transcrire, car c'est la première fois que l'on essaie, de fixer, l'argot sportif, *the stable slang*, que nous retrouverons souvent au cours de nos recherches bibliographiques :

LE POSTILLON.

CHANSON.

Hoé, hoé. Allons, Margot, gagne le picotin, et moi la chopine. Pas vrai, mon Officier, que j'vous avons baillé là une bonne Jument ? Dame, j'voulons qu'vous soyez content. V' n'êtes pas comm'ces p'tits Commis & ces Abbés ; si vous n'nous baillez rien pour boire, au moins vous nous faites des politesses : ainsi j'aimons mieux vous sarvi qu'eux. Haut l'pied, mon Officier ; v'la ici un chemin d'pavé, bride en main : soutenez bien, l'terrain est gras. N'y a si bonne monture qui n'bronche, prenez garde à la vôtre.... Arrache persil, c'est d'la ciboule. Allons, p'tit, mange la terre à quatre pieds. Hoé, hoé.

Air : La fariradondaine.

> Hier en rentrant
> D'étouffer bouteille,
> J'eus l'avisement
> D'aller voir ma belle,
> Gai,
> La fariradondé.

C'te grande mangeuse de feu qu'vous avez là, qui fit mes sept lieues en cinq quarts d'heure ; aussi j'li tâtions les côtelettes : Dieu nous bénisse, elle alloit l' ventre près l'tapis, comme les mulets du Mylord Passe-cotte (1). C'est un Monsieu qui est ben roide à la course. Au moins il a fait une bonne journée pour les Postillons de la route de Fontainebleau, car on dit qu'il leux a baillé les noyaux d'la gageure. Haut l'pied, mon Officier. Hoé, hoé.

> Que j'allois gaiment
> Voir cette donzelle !
> Tout en arrivant
> Je montai chez elle,
> Bon.

N'croyez-vous pas que j'ly trouvis ? Alle étoit sortie avec un haut-la-queue, qui vous la mene pr... pr... pr...

---

(1) Allusion au pari de lord Pascool. — Voy. notre *Bibliographie sportive. Les Courses de chevaux en France*, p. 7.

C'est une jument, faites sentir la molette. Hoé, hoé, Margot, hoé, hoé.

    La fariradondaine,
     Bon,

Sarpedié, mon Officier, quand on a la tête échauffée, on veut aller voir la fille : coûte que coûte on en veut tâter; mais Dame, c'est du bon bien, c'nest pas d'ces filles qui vous baillons

    La fariradondaine,
     Gai,
    La fariradondé.

Hoé, hardi, soutenez, mon Officier. Sentez-vous comme ça vous coule entre les jambes? on ne s'en apperçoit pas. Je s'rons ben tôt arrivés si j'allons toujours ce train-là. Hoé, hoé.

    J'eus l'avisement
    D'aller voir ma Belle,
    Que j'allois gayement
    Voir cette Donzelle !
     Bon.

A mon encolure vous n'me preniez pas sans doute pour un flambeau d'cire jaune? Vous sentez bien, mon Officier, que je n'pris pas l'pu mauvais bidet de l'écurie, non, je vous en foutche.

    La fariradondaine,
     Gai,
    La fariradondé.

J'la vis rentrer ; mais elle étoit plus échauffée qu'votre jument ne l'seroit quand même elle auroit couru trois postes et qu'on lui auroit baillé neuf picotins d'avoine dans l'cul d'un baquet... Hoé, hoé, mon Officier, hoé.

    Tout en arrivant
    Je m'en fus chez elle,
    J'arrivis vraiment
    Trop tôt pour la Belle,
     Bon.

Morgué, la jolie monture ! c'est légère à la main. C'seroit ben dommage d'la mettre au carrosse, car ça va ben sous l'homme.... Elle est vigoureuse ; aussi n'se laiss-t-elle pas manger l'derriere aux mouches faute de tours de queue. Mon Officier, v'la ici un p'tit sentier, prenons sus la terre : vous nous baillerez pour boire, j'vous avons chenuement monté ; sans ça j'donnerions l'coup de fouet d'mécontentement en arrivant à la Poste, et vous seriez sarvi

> La fariradondaine,
> Gai,
> La fariradondé.

Hoé, hoé, ça court çomme un Grenadier au feu, l'Houssard au butin et l'Abbé au bénéfice.

> J'ARRIVIS vraiment
> Trop tôt pour la Belle,
> Je vis son Galant
> Rentrer avec elle,
> Bon.

Quand elle vit que j'm'en apperçus, elle en fut si saisie qu'elle en accouchit de peur. Diantre, j'arrivai à la bonne heure ; un peu plus tard on m'en auroit fait passer....

> La fariradondaine,
> Gai,
> La fariradondé.

Par dessus la tête, comme font ces demoiselles de Paris, qui vous baillons des greluchons, des farfadets, des.... qu'importe ; d'ces Officiers qui couront la poste de leur garnison pour s'rendre à Paris.... Et à propos d'Paris, j'y allons bentôt arriver ; il faut s'soutenir sur le pavé, car on dit qu'il n'est pas trop bon, et sur tout prendre garde de tomber dans les trous d'la rue saint

Honoré: ils sont dangereux; on ne sçauroit y abanbonner son bidet sans risque. Hoé, hoé.....

   Je vis son Galant
   Rentrer avec elle ;
   Quel fatal moment
   Pour cette infidelle !
    Bon.
   L'Enfant sera nommé
    ô gué,
   L'Bâtard d'un maltôtier.

  Air : *Reçois dans ton Galetas.*

  Et puis quand il sera grand,
  On le fera rat de cave ;
  Il deviendra opulent,
  En vêtement il sera brave :
  On le verra gros traitant
  Sortant d'un contrôle ambulant. *bis.*

Ah! sarpédié, comme j'ny avons pas nui, j'demandons un emploi sur l'tabac, car j'en usons beaucoup et ça nous ruine. Hoé, hoé, commande un bon Bidet à mon Officier ; y a gras. Mam'selle Catau, chopine en deux verres. Hoé, hoé.

1766

CHOPART (J.-F.), menuisier du roi.
— Modèles de voitures en deux suites. *Paris, chez N.-I.-D. de Poilly.*

Les planches de Chopart, les plus recherchées de celles consacrées aux voitures, dessinées et gravées avec un art

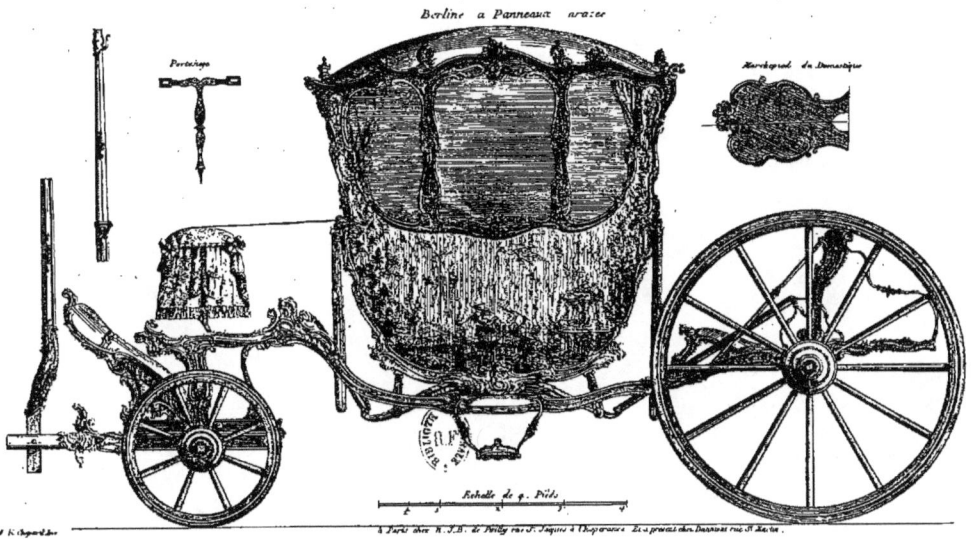

infini, présentent ordinairement un modèle de voiture, entouré de détails auxquels est jointe parfois une courte légende explicative.

La première suite, signée par Chopart, se compose de treize planches dont nous indiquons le principal motif : — I. Vis-à-vis. — II. Berline à panneaux arrasée (1). — III. Diligence montée à l'anglaise. — IV. Diligence à panneaux arrasée. — V. Diligence à cul de singe, à quatre personnes, par le moyen d'un strapontin. — VI. Calèche à bancs. — VII. Cabriolet. — VIII. Cabriolet. Devant du cabriolet. — IX. Cabriolet vu de derrière. — X. Cabriolet. Détails. — XI. Chaise à porteurs. — XII. Détails de menuiserie. — XIII. Détails de menuiserie. La seconde suite se compose de 16 pièces. Elles ne sont pas signées par Chopart, mais, mises en vente chez de Poilly, elles sont incontestablement de lui. En voici la nomenclature : — XIV. Chaise à porteurs. — XV. Berline de campagne à quatre portières. — XVI. Berline de campagne du Roi. — XVII. Cabriolet-chaise de poste à cul de singe, avec ressort à la Dhalem. — XVIII. Plan et élévation d'une chaise de poste à deux. — XIX. La même, montée avec des cordes à boyaux. — XX. Diligence montée de cordes à boyaux. — XXI. Berline de campagne à cul de singe, à hautes roues. — XXII. Diligence anglaise appelée Birouche. — XXIII. Diligence de Lyon. — XXIV. Détails. — XXV. Détails. — XXVI. Berline montée sur quatre coins de ressorts à la Dhalem. — XXVII. Calèche ou gondole montée à longue soupente. — XXVIII. Diable « les marchands de chevaux se servent de cette voiture pour dresser et exercer les chevaux. Elle les met hors du danger des ruades. » — XXIX. Voiture de chasse appelée *Vource*.

Dans le recueil de ces planches provenant du cabinet du baron Pichon (2), une très curieuse gravure, qui n'est pas de la suite de Chopart (*Voiture inventée par un anglais pour un parc*), a été ajoutée.

L'Avant-Coureur, dans les nos du 31 mars 1766 (p. 171-174), donne une très précise description de la suite de

---

(1) Nous donnons ici, comme spécimen de l'œuvre de Chopart, une reproduction de cette planche.

(2) Recueil portant le n° 566 du catalogue, vendu 356 fr.

Chopart. C'est ce qui nous fait indiquer la date de 1766 pour cette publication, non datée, comme presque toutes les suites de gravures.

1767

LA GRANGE (Nicolas de).
— Le Coche, traduit de l'Anglois, par D.-L.-G. *La Haye*, 2 vol. in-8.

Voy. Barbier, *Dictionnaire des ouvrages anonymes* (t. I, p. 619).

1770 (vers)

LALONDE (de), décorateur et dessinateur.
— Œuvres diverses de Lalonde, décorateur et dessinateur, contenant un grand nombre de dessins pour la décoration intérieure des appartements, à l'usage de la peinture et de la sculpture en ornement des meubles du plus nouveau genre. *Paris, Chereau.*

La seconde partie de cette publication contient :
Cahier de Diligences ornées, et de détails de sculpture pour les voitures ; cahier de Berlines de parade et Vis-à-vis, avec détails de sculpture pour les voitures ; cahier de Chaises à porteur, Chaises de poste, Cabriolet et Gondoles ornées.
Toutes les planches de ces cahiers composés chacun de 6 pièces, ont été gravées par Foin.

1771

BULLET (J -B.)
— Dissertation sur la Mythologie française et sur plusieurs points curieux de l'Histoire de France, *Paris, Moutard*, in-12.

Cet ouvrage contient une *Dissertation sur l'origine des carrosses* qui a été réimprimée par Leber dans la *Collection des meilleures dissertations* (t. X, p. 481-510).

DELISLE DE SALLES.
— Lettre de Brutus sur les chars anciens et modernes. *Londres (Paris)* 1771, in-8.

Réimprimée et jointe, en 1775, aux *Paradoxes d'un citoyen,* qui forment ainsi deux parties. La seconde partie contient, en divers chapitres, sur *les Chars, les Carrosses, les Courses,* des observations, exactes en tous les temps, telles que celles-ci : « Il s'est établi parmi les cochers un point d'honneur absurde qui a déjà coûté la vie à une foule de citoyens ; ils ont attaché de l'opprobre à se laisser devancer par les voitures de gens subalternes. S'ils vont à un spectacle, on dirait qu'ils disputent le prix des jeux olympiques ; le cocher d'un duc a trop de sentiment pour rester à la suite d'un gentilhomme, et la diligence d'un archevêque n'est pas faite pour céder le pas au vis-à-vis d'un grand vicaire (p. 148) ». — « Il y a des valets dignes par leurs ridicules de devenir maîtres à leur tour, qui, en l'absence du seigneur dont ils portent la livrée, se placent dans son carrosse et parcourent Paris avec la plus grande rapidité (p. 171). »

ROUBO (A.-J.) le fils, maître menuisier et graveur.
— L'Art du menuisier, en trois parties. *Paris, L.-F. Delatour*, in-fol.

L'Art du menuisier fait partie des *Descriptions des Arts et Métiers faites ou approuvées par Messieurs de l'Académie royale des Sciences.* La IIIe partie, 1re section : *l'Art du menuisier-carrossier* (p. 453-598), est illustrée de 50 planches numérotées 171-221, dont voici la nomenclature :

171. Diverses sortes de voitures anciennes. — 172. Plans, coupes et élévations d'un ancien coche. — 173. Plan et élévation d'un ancien carrosse. — 174. Plans, coupes et élévations d'une berline. — 175. Manière de

débiter les bois propres à la construction des voitures. — 176. Outils. — 177. Autres outils. — 178. Manière de corroyer les bois des voitures. — 179. Manière de tracer les panneaux dans tous les cas possibles. — 180. Suite de la manière de tracer les panneaux. — 181. Manière de déterminer la hauteur et la largeur des glaces. — 182. Manière de déterminer la largeur des coulisseaux et des coulisses des glaces. — 183. Manière de construire les chassis des glaces et les faux panneaux. — 184. Diverses espèces de jalousies pour les voitures. — 185. Coupes et profils des différentes pièces d'une berline. — 186. Autres coupes et profils assemblés et pris sur différents sens. — 187. Manière de déterminer la forme et le cintre d'une berline, et d'en faire les calibres. — 188. Plan d'un pavillon de berline et la manière de déterminer les courbes et les cercles qui le composent. — 189. Plans et élévations d'un pavillon ou impérial d'une berline à trois cintres, avec ses développements. — 190. Manière de déterminer la forme extérieure des bâtis du pavillon. — 191. Autre espèce de pavillon propre aux petites voitures. — 192. Plan, coupe et élévation d'un brancard de berline. — 193. Diverses manières d'assembler les pieds corniers avec les brancards. — 194. Assemblages de différentes parties du corps d'une berline. — 195. Plans, coupes et élévations d'une portière de berline. — 196. Manière de déterminer la forme d'une diligence. — 197. Plan d'un pavillon de diligence et la manière d'en tracer les cercles. — 198. Plan et coupe d'un brancard de diligence. — 199. Formes et constructions des sièges pour différentes voitures. — 200. Élévation d'une berline à panneaux arrasée, avec ses développements. — 201. Suite des développements de la planche ci-dessus. — 202. Différentes manières de faire ouvrir les voitures nommées dormeuses, et leurs constructions. — 203. Élévations d'une diligence dont la portière est par derrière. — 204. Différents profils et ornements à l'usage des voitures. — 205. Plan et élévation d'un coche moderne monté sur un train à grande sassoire. — 206. Plan et élévation d'une gondole. — 207. Élévation et coupe d'une berline à 4 portières. — 208. Élévation d'un grand carrosse monté sur son train. — 209. Plan et élévation d'une berline montée sur son train. — 210. Plan et éléva-

Elevations d'une Caleche et d'un Phaeton.

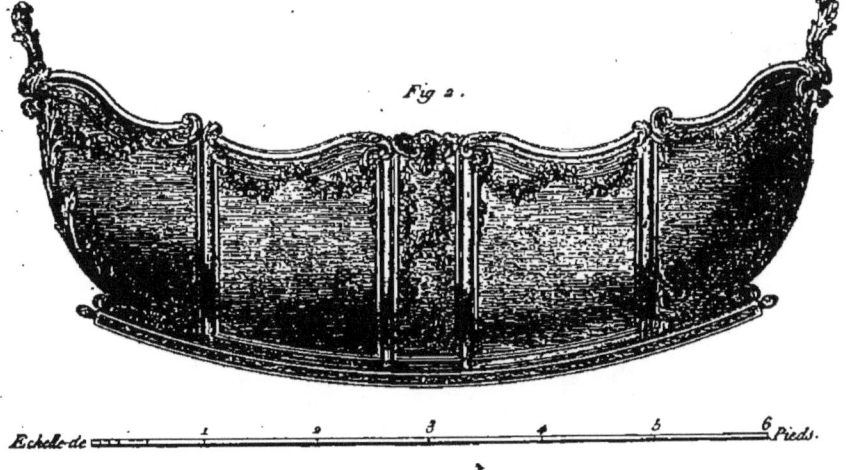

Echelle de 1 2 3 4 5 6 Pieds.

A. J. Roubo Inv. et Del.   P. L. Cor. Sculp.

tion d'une diligence montée sur un train monté à l'anglaise. — 211. Élévations d'une calèche et d'un phaëton (1). — 212. Élévations d'un diable et d'une diligence-coupée. — 213. Plan et élévation d'une chaise montée sur son train. — 214. Élévation d'une chaise de poste avec ses développements. — 215. Plan et élévations d'un cabriolet. — 216. Plan, coupe et élévations de deux litières d'une forme différente. — 217. Élévations d'un Wourst et d'un traîneau avec son plan. — 218. Élévations d'une chaise à porteur avec ses développements. — 219. Coupe et élévations d'une brouette avec ses développements. — 220. Plans et élévations de diverses sortes de chaises de jardin. — 221. Manière de suspendre les voitures.

Ces planches, dessinées toutes par Roubo fils, sont gravées par lui ou par P.-S. Car et Michelinot.

Nous croyons intéressant de reproduire l'*Extrait des registres de l'Académie royale des Sciences* (11 mai 1771) portant approbation du travail de Roubo fils :

« Monsieur Duhamel, qui avait été nommé pour examiner la première section de la troisième partie de l'*Art du menuisier* par M. Roubo, en ayant fait son rapport, l'Académie a jugé que les objets desquels il est question dans cette section, y étaient présentés clairement, avec ordre, et dans un très grand détail, et qu'en conséquence, elle méritait d'être publiée. En foi de quoi j'ai signé le présent certificat.

A Paris, ce 20 mai 1777.

Grandjean de Fouchy.

Secrétaire perpétuel de l'Académie royale des Sciences. »

1772

CAZOTTE (Jacques).

— Le Diable amoureux, nouvelle espagnole. *Naples (Paris)*, in-8, 144 p.

---

(1) Nous plaçons en regard de cet article une reproduction de la planche 211.

Il convient de mentionner ici ce petit chef-d'œuvre. L'intrigue, dans la rédaction première, s'y dénoue en une calèche, représentée dans une des gravures grotesques et naïves attribuées à Moreau. « La calèche (une calèche espagnole à la couverture pareille aux calèches qui portaient nos femmes) fait un mouvement extraordinaire, il m'enlève du siège et je me vois au point d'être forcé d'en sortir…. En portant mes regards autour de moi, je vis que les mulets étaient évanouis et que ma calèche, penchée vers la terre, portoit sur les brancards. »

Elle était donc à deux roues, cette calèche, et une sorte de cabriolet, comme le montre la gravure. Mais plus tard, l'auteur modifia son dénouement. Il ne fut plus question que d'une rupture d'essieu et l'on put, dans les illustrations des éditions postérieures, représenter une calèche à quatre roues se rapprochant, par sa forme, de nos voitures modernes.

WATIN (Jean-Félix).
— L'Art du peintre doreur et vernisseur. *Paris, Quillon*, in-8.

Voy. (p. 109) le chapitre consacré à l'*Art de décorer les équipages*. En qualité de « peintre-vernisseur du roi, » Watin décorait alors les équipages royaux.

1774

GARSAULT (Fr. A. de).
— L'Art du bourrelier et du sellier. *Paris*, in-fol. 147 p.

L'*Art du bourrelier* fait partie des *Descriptions des Arts et Métiers faites ou approuvées par messieurs de l'Académie royale des Sciences*. Il est illustré de 15 planches, dont voici la description :

1. Les ateliers de deux bourreliers (1) ; le bas de la planche représente les outils et instruments des deux bourre-

(1) Sur toutes les planches, le mot *bourrelier* est écrit bourlier.

liers et d'un sellier. — 2. Coupe du collier des chevaux de charette (les figures montrent le collier achevé et monté.) — 3. Collier monté avec ses attelles, vu de face, et sans attelles, vu de profil. Panneau de chevillier. Coupe du cuir du panneau de boucher. Panneau de rivière. Licol des mulets, brides, mors et bât des mulets, etc. — 4. Un limonnier avec trait ou harnais et attelé aux limons d'une charrette, etc. — 5. Cheval de bât avec son harnais. — 6. Point de billot, nœud droit, nœud de carré, ganse, collier à tringle ou à l'anglaise, etc. — 7. Cheval de carrosse destiné au timon avec tout son harnais. Cheval de carrosse appelé quatrième ou de devant lorsqu'on attelle à quatre chevaux. — 8. Cheval qui s'attelle dans les brancards des chaises. Cheval nommé bricolier, *cheval de côté ou du postillon* qui s'attelle au côté gauche du cheval de brancard. — 9. Charrette attelée de trois chevaux. File de mulets armés en guerre. Berline attelée de six chevaux. Chaise de poste attelée de deux chevaux, etc. — 10. Arçon d'une selle à la royale. Arçon de femme. Selle à la royale. Patron pour le siège de la selle. Arçon d'une sellette de chaise de poste pour le cheval de brancard, etc. — 11. Cheval sellé et bridé. Bride, mors, rênes, bridon, poitrail, étriers, croupière etc. — 12. Couvertures de chevaux. Brides du cheval de carrosse. Poitrail, croupière, etc. — 13. La vignette représente l'atelier du sellier-carrossier, le sellier faisant une couture piquée. Le bas de la planche représente une berline suspendue entre deux brancards. — 14. Chaise de poste. Élévation. Berline à deux fonds. Élévation. — 15. Housse de main.

Toutes ces planches, dessinées par Garsault, sont gravées par N. Ransonnette.

L'auteur de l'*Art du sellier et du carrossier* donne au début de son travail, les noms de ceux qui l'ont assisté dans la préparation de son travail :

« On a été instruit par le bourrelier-bâtier, chez M. Enfroy, rue des Fossés-Saint-Bernard, par lui-même et par M. Agron, son ancien et premier garçon ; par M. Régnier, maître bourrelier-carrossier, rue Saint-Thomas, près la place Saint-Michel, pour tout ce qui regarde son art ; l'art du sellier a été dicté par M. Bégly demeurant rue du Sépulcre, et pour l'arçonnier, on s'est adressé, sur sa réputation, à M. Coulier, rue de Versailles, près la rue Saint-Victor. »

1775

ARREST du Conseil d'Etat du Roi, concernant l'exercice des privilèges et concessions des Messageries, Diligences, Carrosses et autres voitures publiques (du 4 juin 1775). *Paris, Guillaume Desprez*, in-4, 3 p. (1).

ARREST du Conseil d'Etat du Roi, qui proroge pendant cinq années, l'attribution donnée aux sieurs Intendans et Commissaires départis dans les provinces et généralités du Royaume, par l'Arrêt du 7 avril 1771, concernant la police du roulage (du 8 juillet 1775), *Paris, Guillaume Desprez*, in-4 4 p.

ARREST du Conseil d'Etat du Roi, qui commet les Administrateurs proposés à la régie des Diligences et Messageries, nommés par Arrest du 7 août dernier, à l'effet de procéder à l'adjudication au rabais des fournitures nécessaires à la manutention de la susdite administration (du 11 septembre 1775). *Paris, G. Simon, imp. du Parlement*, in-4, 4 p.

(1) Il nous est impossible, on le concevra aisément, de mentionner ici tous les arrêts, tous les règlements relatifs aux voitures. Nous donnons cependant, à titre de spécimen, de curieux arrêts publiés de 1775 à 1787, formant un dossier de notre collection relative aux véhicules. Nous n'indiquerons habituellement que ceux présentant un intérêt historique d'une importance particulière, tels que ceux concernant l'organisation du service des messageries.

ARREST du Conseil d'Etat du Roi, qui ordonne que les Créanciers des Fermiers des Voitures de la Cour seront tenus de représenter au sieur Rouillé de Marigny, Caissier de l'Administration des Messageries, dans un mois à compter de la date du présent Arrêt, les Billets au porteur, souscrits solidairement par lesdits Fermiers, à l'effet d'être visés et payés en déduction et jusqu'à concurrence des sommes qui se trouveront leur être dües par ladite Administration (du 6 septembre 1775). *Paris, Desprez*, in-4, 2 p.

ARREST du Conseil d'Etat du Roi, qui ordonne que les parties non réclamées qui se trouveront dans les Bureaux des Messageries, seront remises par les Fermiers sortant aux Administrateurs des Diligences et Messageries, ou à leurs préposés (du 30 septembre 1775). *Paris, G. Simon*, in-4, 4 p.

ARREST du Conseil d'Etat du Roi, qui ordonne que les Préposés de l'Administration des Diligences et Messageries royales, seront tenus de prêter serment, à Paris, entre les mains du sieur Lieutenant Général de Police ; et dans les provinces, par devant les sieurs Intendans et Commissaires départis, que Sa Majesté a commis et commet à cet effet (du 5 octobre 1775). *Paris, P. G. Simon*, in-4, 3 p.

MERCIER (Louis-Sébastien).
— La Brouette du Vinaigrier, drame en 3 actes et en prose. *Londres (Paris)*, in-8, viii-103 p.

Ce drame a été l'objet de nombreuses réimpressions. Il a été réduit en 1 acte par Poisson et Desgroseillez et représenté sur le théâtre du Gymnase dramatique, le 28 juin 1826 (*Paris, Bezou*, in-8, 39 p.). Une autre réduction de cette pièce en 1 acte, sous le titre *Dominique ou le Vinaigrier*, a été faite par Brazier et représentée sur le théâtre des Folies Dramatiques, le 10 mars 1831.

THICKNESSE (Philip).
— A Year's journey through France and part of Spain. *London, Brown*, 1789, 2 vol. in-8, vii-152, 316 p.

Troisième édition d'une relation de voyage publiée en 1777, très précieuse pour l'histoire du *Driving* en France. Philip Thicknesse, en 1775, avait traversé deux fois la France à petites journées dans sa voiture et avec son cheval. Cette voiture était une sorte de coupé ouvert par devant et protégé par une tente. Un singe placé sur le dos du cheval ajoutait encore à l'ébahissement des badauds qui voyaient passer ce singulier équipage (1).

Thicknesse a publié d'autres relations de voyage (*Useful hints to those who make the tour of France (1768)*, *Travelling anecdotes (1782)*, fournissant des indications judicieuses sur la façon de voyager au XVIIIe siècle, en notre pays.

1776

ARREST du Conseil d'Etat du Roi concernant les Messageries (du 17 Août 1776). *Paris, P.-G. Simon, imp. du Parlement*, in-4, 4 p.

Pièce d'un grand intérêt pour l'histoire des Messageries.

MOREAU LE JEUNE (Jean-Michel), dessinateur et graveur du cabinet du Roi.

(1) Nous donnons ici une reproduction de la planche représentant ce très original équipage.

— Dessins de voitures dessinées par Moreau et gravées par Juillet. *A Paris, chez Le Père et Avaulez, rue St Jacques, à la ville de Rouen.*

Vingt-quatre planches : I. Berline Françoise, montée à la Dhalem. — II. Berline à longues soupentes, montée à cris. — III. Désobligeante, montée à la Polignac. — IV. Berline à double ressort, montée à la Dhalem et avec arc. — V. Désobligeante montée à la Dhalem avec arc. — VI. Cabriolet monté sur cris. — VII. Berline en forme de conque, montée à la Polignac. — VIII. Diligence angloise, montée à la Polignac. — IX. Désobligeante montée à la Polignac avec jalousies. — X. Berline moderne, montée sur soupente à cris. — XI. Désobligeante montée à vis. — XII. Cabriolet à soufflet, monté à ressorts à la Polignac. — XIII. Berline de campagne à six portières pour huit places, montée à la Polignac. — XIV. Berline à longues soupentes, montée à cris. — XV. Désobligeante montée à la Polignac. — XVI. Diligence angloise, montée à la Polignac, s'ouvrant derrière et devant en forme de cabriolet. — XVII. Chaise de poste à soufflet. — XVIII. Cabriolet monté sur un avant train. — XIX. Calèche montée à la Polignac. — XX. Diligence angloise, montée à la Polignac. — XXI. Diligence montée à la Dhalem et avec arc. — XXII. Cabriolet monté à la Polignac. — XXIII. Vourst pour la chasse. — XXIV. Traîneau à la militaire ; traîneau à la Viennoise ; traîneau de jardin.

RUTLEDGE (le chevalier).
— La Quinzaine Angloise à Paris, ou l'art de s'y ruiner en peu de tems. Ouvrage posthume du docteur Stearne, traduit de l'anglois par un observateur. *A Londres*, in-12, XVI-287 p.

La *Quinzaine Angloise* contient de très piquants tableaux de la vie parisienne à cette époque, où les carrosses passent très souvent. C'est d'abord celui de l'*Anglois :* « Un très bon carrosse de louage, dont le derrière étoit surchargé de tous mes valets armés de cannes, nous met dans un instant à la porte du Palais Royal (p. 18). » Puis tous ceux du boulevard, observés avec une austère philosophie : « Dans la saison où nous étions alors, tous les êtres corrompus ou frivoles, qui infectent cette grande ville, ont coutume de se rassembler au boulevard. Là, leur insipide occupation est d'aller mettre au jour un habit nouveau ou une voiture récemment sortie des mains d'un malheureux ouvrier qui court en vain après son salaire, pendant que souvent elle l'éclabousse et quelquefois l'écrase. A travers des tourbillons de poussière, une file de carrosses circule au petit pas sur un demi-mille d'Angleterre.... La prostitution et le déshonneur y marchent le front levé au milieu des dépouilles éclatantes du libertinage et de la sottise.... Je vis (une de ces sirènes) dans un superbe équipage tout brillant de dorures, qui rehaussoient le plus éclatant vernis ; six beaux anglois, couverts de plumes, d'or et de soie, la trainoient en pompe ; une livrée riche et imposante en occupoit le devant et le derrière (p. 80). » Et enfin celui que *mylord*, dont l'austérité s'est étrangement adoucie, destine à sa propre sirène : « Je voulus unir le plaisir de la surprise au mérite de la profusion. Par les soins de mon Provençal, aidés d'un nouveau fragment de mon portefeuille, six superbes coursiers se trouvèrent dans l'écurie de Mlle *** et une magnifique berline avoit pris sous sa remise la place d'une mince diligence à l'angloise, qui s'en étoit retournée chez le loueur de carrosse (p. 77). »

1777

ARRÊT du Conseil d'Etat du Roi, servant de règlement sur les Diligences et Messageries du Royaume (du 23 janvier 1777). *Paris, imp. royale*, in-4, 6 p.

LETTRES PATENTES du Roi, portant confirmation de l'acquisition faite au nom du Roi, des anciens Fermiers des Voitures à la suite de la Cour, des bâtimens et terrains servans à leur exploitation (du 22 janvier 1777). *Paris, P.-G. Simon, imp. du Parlement*, in-4, 4 p.

ARRÊT du Conseil d'Etat du Roi concernant l'exploitation par la Ferme des Messageries, du Privilège non exclusif du Courtage des Rouliers dans l'étendue du Royaume. (Du 12 juin 1777.) *Paris, imp. royale*, in-4, 6 p.

ARRÊT du Conseil d'Etat du Roi, concernant les Messageries. (Du 23 novembre 1777.) *Paris, imp. royale*, in-4, 4 p.

LOUPTIÈRE (Jean-Charles de Relongne de la).

L'on trouve, dans les Mémoires secrets de Bachaumont (23 décembre 1777), une amusante facétie en vers relative à une démarche des fiacres qui, pendant un voyage de Choisi, « avaient été en procession porter leurs plaintes et gémissements au Roi, à l'occasion de certains impôts vexatoires dont ils voulaient être déchargés ». Nous la reproduisons ici :

> « Plus fiers que Phaëton, les fiacres un beau jour
> Sur deux files rangés, dès l'aube matinale,
> Pour affaire de corps députés à la cour,
>   S'éloignoient de la capitale.
>   Le cortege arrive à Choisi,
> L'Orateur est muet, tous ont le cœur transi.
>   Et dans un placet pathétique
> Au Titus de la France ils dressent leur supplique.
> On se disoit tout bas : « Est-ce un autre Sénat,
> « Qui veut encor tenir les rênes de l'Etat ? »
>   Tous les cochers de notre langue
>   Savent le fin, sans avoir rien appris,
> Et l'on prétend qu'un de leur beaux esprits,
>   Avoit ainsi préparé sa harangue :
> « *Sire*, vos bons sujets, les fiacres de Paris,
>   « Viennent aux pieds du trône exposer leurs disgraces;
> « Le siège est avili ! nos droits sont sans vigueur.

> « Prêts à perdre nos biens plutôt que notre honneur
> « Nous avons tous quitté nos places.
> « Au plus juste des Rois nous venons remontrer
> « Qu'à certains ordres de police
> « Pour le bien même du service
> « Nous ne pouvons obtempérer. »
> Pour des Députés de la sorte,
> On fait peu de façon au séjour des grandeurs :
> « Partez, Messieurs, partez, leur dit-on à la porte ;
> « Le devoir vous appelle ailleurs.
> « Laissez votre placet ; un Conseil des finances
> « Réglera vos prétentions :
> « Le Roi permet les Remontrances ;
> « Mais reprenez vos fonctions. »

Les *remontrances* des fiacres ne paraissent pas d'ailleurs, avoir produit, à Choisy, une impression très favorable, car nous lisons dans la *Gazette des Tribunaux* (année 1777, p. 256) que, « comme les attroupemens sont défendus, on a arrêté quelques-uns des propriétaires de ces voitures et les autres sont notés ».

RUTLEDGE (le chevalier).
— Premier et second voyage de *** à Paris, contenant *la Quinzaine Angloise* et le retour de Mylord dans cette capitale après sa majorité. *Yverdon, Société littéraire et typographique*, 3 vol. in-12, XXIV-308, 314 et 286 p.

Voy. dans le T. II le chapitre VI, *Trajet dans la voiture publique*. Seconde édition de l'ouvrage indiqué ci-dessus.

1777-1788

JOURNAL DE PARIS.

Premier journal français quotidien fondé en 1777 par Corancez, Dussieux et Cadet. Le *Journal de Paris* fournit d'intéressants documents relatifs aux carrosses et aux voitures. Il contient entre autres, en 1785, une amusante polémique relative aux fameux cabriolets : Le 15 juillet 1785, il publie la lettre suivante :

« A Paris le 9 Juillet 1785.

Messieurs,

Vous avez rapporté dans votre Feuille d'hier un accident causé par les cabriolets. Cette voiture, image de la légereté françoise, est si multipliée, sa marche est si rapide, ses conducteurs sont si pressés, qu'il est presque impossible qu'elle ne froisse, au moins de tems en tems, quelque malencontreux. Elle arrive sur les pauvres passans comme la foudre. La Physique a inventé le moyen de détourner le tonnerre, ne pourroit-elle pas aussi en imaginer quelqu'un pour garantir des cabriolets ? *On prétend qu'ils sont utiles au bien et à la facilité du commerce : j'ignore quel est le genre de commerce de tous ces jeunes gens qui, en redingotte angloise, en bottes angloises, avec un chapeau anglois, suivis d'un Jocquey anglois, dans un wiski à l'angloise, passent et repassent dans toutes les rues de Paris, et vont comme s'ils alloient à la conquête du monde.* Je ne les soupçonnerai pas de perdre leur tems, eux qui l'emploient si bien ; eux qui, dans un même jour, courent les boutiques, toutes les promenades, tous les spectacles, tous les lieux publics et particuliers. Je ne doute pas que, malgré leur air ennuié, ils n'aient beaucoup de plaisir, et que, malgré leur air inoccupé, ils n'aient beaucoup d'affaires. Je ne viens point les troubler dans un si brillant exercice de leur adresse : je voudrois seulement rendre leurs courses moins fâcheuses. Je propose un moyen également favorable à la sûreté des passans et à la pompe des cabriolets. Je voudrois donc que, pour avertir de leur marche, on attachât une sonnette au cheval, qui conduit, ou, pour mieux dire, qui emporte ces voitures. Il faudroit que cette sonnette fût assez retentissante pour être entendue de loin par les malheureux, qui, chargés de fardeaux et se traînant avec peine dans les rues, ne peuvent guère se prêter à toutes les évolutions qu'exige des passans la rapidité de ces voitures volantes qui se croisent en tout sens. Ce moyen est simple et nullement dispendieux ; il seroit un peu bruyant, mais ce bruit là même en seroit l'utilité. Le Public qui aime sa sûreté, et la Police qui y veille sans relâche, ne peuvent désapprouver mon idée. »

Puis, le 20 octobre 1787, un piéton y prend ironiquement la défense des redoutables cabriolets :

« Paris, 11 octobre 1787.

Messieurs,

Je vois avec quelque peine les plaintes frivoles qui vous sont assez souvent adressées contre les cabriolets par quelques malheureux piétons, qui, sans doute, ne sont pas assez riches pour en acheter. Je suis piéton, comme eux, et membre de ce qu'on appelle à Paris l'infanterie ; mais je vous assure, Messieurs, que je n'ai éprouvé aucun mouvement de jalousie contre ceux de mes concitoyens qui ont de quoi payer le droit d'écraser les bons Parisiens en pleine paix.

Si je ne me plains pas des cabriolets, ne croyez pas, Messieurs, que ce soit par indifférence pour ceux qui en sont les victimes ; c'est que je suis forcé d'avouer que c'est absolument la faute des piétons. Je ne dis pas qu'ils doivent rester chez eux, ils peuvent avoir des affaires ; mais que ne font-ils comme moi ? Je suis parvenu à force de précision dans l'œil, à combiner la marche d'un cheval de cinq pieds six pouces qui vient à moi la tête haute ; je calcule de vingt pas tous ceux qu'il a à faire pour m'atteindre : je vois où passera la roue fatale, et décrivant une diagonale qui s'écarte de celle qu'il décrit lui-même, le point d'où je pars et où il doit arriver est comme un centre d'où partent deux rayons absolument divergens. Une figure vous expliqueroit cela, si votre Journal admettoit des gravures.

Quand un cabriolet me poursuit, un coup d'œil me suffit pour deviner l'intention du conducteur : alors je prends une direction contraire, d'où il suit qu'il est impossible que nous nous rencontrions ; et si je suis surpris inopinément, ce qui ne m'arrive guères, je presse mes voisins, je les foule, je les éclabousse, je me jette à coups de coude dans la mêlée, et je laisse les vieillards et les femmes derrière moi : en un mot, je dépiste l'homme opiniâtre qui me poursuit, comme ces vieux cerfs qui en font partir de plus jeunes et les exposent à leur place à la fureur des chiens.

On me reconnoît dans Paris aux mouvemens de ma canne que je porte haute et qui tourne toujours ; j'évente ainsi les cabriolets et les laquais qui galopent, avec une sagacité qui est chez moi, je pense, un don de la nature. Une longue habitude m'a fait perfectionner ce talent, ainsi qu'une certaine puissance de combinaison, qui, dans l'embarras de vingt cabriolets roulans et se croisans en tout sens, me fait saisir d'un coup-d'œil la route que doit tenir infailliblement chacun d'eux. Si jamais vous êtes allés, Messieurs, au Palais Royal, par la rue Vivienne, à l'heure de la Bourse, vous vous ferez une idée de la force de ma tête. . . . . .

Je suis entré dans ces détails, Messieurs, par un sentiment d'humanité pour les piétons mes semblables : il est plus aisé de les former à ces divers exercices, que de soumettre les cabriolets à des ménagemens impraticables. Quand je suis de retour chez moi occupé à réfléchir sur les dangers que j'ai évités, je ne puis m'empêcher d'admirer comment cinq ou six mille cabriolets tout au plus sont parvenus à faire trembler cinq ou six cents mille fantassins. Cette observation me donne une haute idée de la Tactique des Grecs du tems d'Homère, lesquels, comme on sait, faisoient la guerre en cabriolet, ainsi qu'on peut s'en convaincre encore par les bas-reliefs et les autres monumens antiques. »

Et l'on répond de suite à ce piéton anonyme, que l'on soupçonne fort de n'être qu'un jockey déguisé :

MESSIEURS,

« Je ne puis plus contenir la juste indignation que m'a inspirée la Lettre du piéton anonyme, qui, chargé sans doute par la Société roulante des Wiskis de défendre leur cause, a trahi lâchement celle des piétons : et l'idée que j'ai de la probité de toute l'infanterie de Paris me fait soupçonner fortement que l'Anonyme n'est qu'un Jockei déguisé. Les moyens qu'il nous enseigne pour éviter la course rapide et toujours contournée des cabriolets sont absolument impraticables. J'ai voulu, avant que de me plaindre à vous, essayer les divers exercices qu'il décrit ; mais j'ai pensé me rompre les membres et me faire rouer vingt fois. Vous avez pu remarquer souvent, Messieurs, que tous ces Faiseurs de systêmes composés dans le cabinet échouent souvent dans l'exécution ; et que ceux qui se fient à leurs rapports sont toujours pris pour dupes.

Je conviens qu'un jeune homme alerte et vigoureux peut se former jusqu'à un certain point à cette combinaison de regards, de courses, de glissades, de sauts et de mouvements prudens ou précipités dont l'Anonyme prétend avoir acquis l'expérience. Mais de bonne-foi, comment espérer que les femmes, les vieillards, et cette multitude de gens qui n'ont plus le jarret souple et la vue bonne, puissent étudier ce cours long et bizarre de combinaisons statiques et optiques ? L'Anonyme convient lui même qu'il n'auroit pas eu assez de tous les dons qu'il a reçus de la nature, s'il ne les avoit perfectionnés par un long usage. Et si quelque jour, vieux et infirme, il est obligé de courir les rues de Paris, n'auroit-il pas à se repentir des perfides conseils qu'il nous a donnés ?

Après cela, Messieurs, que nous vient-il dire de sa canne dure et pointue qu'il porte toujours en arrêt sur le bras ? Le beau spectacle que ce seroit de voir les piétons ainsi armés, comme si nous montions tous la garde, ou que nous fussions dans un état de guerre continuel ! Je ne puis m'en prendre à l'Anonyme que je ne connois pas ; mais permettez, Messieurs, que je me plaigne à vous de la facilité coupable avec laquelle vous insérez dans votre Journal toutes les Lettres qui vous sont adressées. L'impartialité devient quelquefois injustice : et le Marchand est criminel qui renferme dans la même boîte les bonnes drogues et les poisons. Excusez, Messieurs, l'âpreté de ce langage, en faveur d'un piéton infortuné qui vient de rentrer chez lui chargé de boue, et qui malheureusement n'a pas une garderobe aussi bien fournie que l'Anonyme. Disloqué de tous mes membres, pour avoir tenté, le long de cette rue peuplée de tous les poursuivans de la fortune, (la rue neuve des Petits-Champs,) les divers exercices que votre Auteur nous prescrit, je lui épargne ici les discours énergiques que la colère m'a arrachés.

J'ai l'honneur d'être, etc. »

Les remèdes indiqués à la fin de cette petite polémique sont l'obligation pour les propriétaires de cabriolets d'attacher, comme nous l'avons déjà vu proposer, une sonnette au harnais du cheval ou de fixer à la voiture une plaque portant le nom du maître du véhicule :

« MESSIEURS,

Vous avez publié plusieurs Lettres contre les Cabriolets. La sonnette est, sans contredit, un moyen bien ingénieux; mais je crois en avoir découvert un plus utile et qui ne paroîtra pas plaisant à bien des personnes. Le voici : Je désirerois qu'on obligeât tous ceux qui ont des Cabriolets, de mettre sur le devant de ces voitures, *en gros caractères*, (en lettres d'or s'ils le veulent,) *leur nom, leurs qualités et leur demeure*. Il faudroit prescrire la forme des lettres et défendre les abréviations. Un homme qui a l'âme honnête, et qui accuse les Cabriolets d'avoir achevé de corrompre nos mœurs, prétend qu'il résulteroit les plus grands avantages de la réforme que je propose. »

1778

ARREST du Conseil d'Etat du Roi, qui défend aux Rouliers et Voituriers d'entreposer les marchandises dont ils seront chargés, et leur ordonne de les transporter directement aux lieux de leur destination, conformément aux lettres de voiture dont ils seront porteurs. *Paris, P.-G. Simon, imp. du Parlement*, in-4, 4 p.

1779

ORDONNANCE du Roi en faveur des Maîtres de Postes aux chevaux, et de la Ferme des Messageries, contre les entreprises des Loueurs de chevaux (Du 26 août 1779). *Paris, imp. royale*, in-4, 3 p.

ARRÊT du Conseil d'Etat du Roi, qui fixe un délai pour la représentation des Titres des Concessionnaires, Engagistes et autres possesseurs des Droits de Carrosses, Messageries et Voitures d'eau, dont la liquidation a été ordonnée par l'Arrêt du Conseil du 7 août 1775. (Du 30 septembre 1779). *Paris, imp. royale,* in-4, 3 p.

1780

ARRÊT du Conseil d'Etat du Roi, portant règlement entre la régie des Messageries et les Maîtres de Postes aux chevaux, pour la conduite des Diligences à six places (Du 18 novembre 1780). *Paris, imp. Royale*, in-4, 2 p.

ORDONNANCE de M. l'Intendant de la Généralité de Paris, concernant la Police des Routes (Du 12 décembre 1780). *Paris, imp. royale*, in-4, 3 p.

1781

ARREST du Conseil d'Etat du Roi, qui attribue aux Régisseurs des Diligences, Messageries royales et du Roulage, à compter du premier octobre prochain, le Privilège exclusif du transport, tant par eau que par terre, des Marchandises qui jouissent de la faveur du Transit (Du 9 août 1781). *P.-G. Simon, imprimeur du Parlement*, in-4, 4 p.

CAILHAVA (M.).
— Arlequin Mahomet, ou le Cabriolet volant, drame philosophi-comi-tragiqu'extravagant, en 3 actes et en prose.

Imprimé dans le *Théâtre* de l'auteur (T. II, 1-88), *Paris, veuve Duchesne, Esprit, Théoph. Barrois jeune*, in-8.
Représenté par les comédiens italiens le 13 mars 1770.
Cette pièce eut une suite intitulée : *Première suite du Cabriolet volant* ou Arlequin cru fou, sultane et Mahomet.

1782

ARREST du Conseil d'Etat du Roi concernant le service des Diligences, des Messageries, par les Maîtres des Postes (Du 20 octobre 1782). *Paris, P.-G. Simon et N. Nyon, imprimeurs du Parlement*. in-4, 4 p.

THICKNESSE (Philip).
— Travelling Anecdotes through various parts of Europe. *Rochester, Fisher*, in-8, x-285 p.

Ce volume (seul publié des deux annoncés) contient (p. 1-67) le curieux récit d'un voyage en diligence, l'auteur ayant renoncé à voyager, comme en 1775, dans sa voiture particulière. (V. ci-dessus p. 76.)

1783

ARREST du Conseil d'Etat du Roi, portant homologation du sous-bail passé par Théodore-Joseph Ducessois, au profit de Jean-Baptiste Fanuel, du Privilège exclusif du Courtage du Roulage, et du Privilège exclusif d'Entrepôt (Du 20 décembre 1783). *Paris, P.-G. Simon et N.-H. Nyon, imprimeurs du Parlement*, in-4, 4 p.

ARREST du Conseil d'Etat du Roi, portant nouveau Règlement sur le Roulage (Du 28 décembre 1783). *Paris, P.-G. Simon et N.-H. Nyon, imprimeurs du Parlement*, in-4, 4 p.

PRIEUR (L.).

Prieur, dessinateur et ciseleur du roi, est l'auteur d'une grande pièce représentant la *Voiture qui a servi au sacre du Roy le 11 juin 1775*. Cette pièce, signée *L. Prieur, sculpteur, cizeleur et doreur, 1783*, se trouve dans le recueil *Carrosses et Voitures* (4 d. 20) à la bibliothèque de Paris.

1784

BEAUHARNAIS (Mme FANNY DE).
— Le Cabriolet ou l'égoïste corrigé. *Paris*, in-8.

Roman publié sans nom d'auteur.

1785

LETTRES PATENTES du Roi, concernant le Courtage du Roulage et l'Entrepôt des Marchandises (Du 16 février 1785). *Paris, P.-G. Simon et N.-H. Nyon, imprimeurs du Parlement*, in-4, 4 p.

ARREST du Conseil d'Etat du Roi, qui enjoint à tous Marchands forains qui feront usage des voitures de Rouliers, au lieu de celles des Messageries, pour se transporter dans les foires, de se munir d'un permis de la Ferme générale des Messageries (Du 20 mars 1785). *Paris, P.-G. Simon et N.-H. Nyons*, in-4, 4 p.

ARREST du Conseil d'Etat du Roi, concernant le service de la Poste aux chevaux, Relais et Messageries (Du 30 octobre 1785). *Paris, P.-G. Simon et N.-H. Nyon*, in-4, 3 p.

ARRÊT du Conseil d'Etat du Roi, qui fixe les Droits qui seront perçus sur les Voitures étrangères à leur entrée dans le Royaume (Du 13 novembre 1785). *Paris, imp. Royale*, in-4, 3 p.

Curieuse pièce relative aux voitures importées d'Angleterre.

EDIT du Roi, portant création des Offices de Directeur général des Haras, des Postes aux chevaux, Relais et Messageries, et d'Intendant des Postes aux chevaux, Relais et Messageries, et attribution des fonctions, droits et gages qui y sont attachés (Décembre 1785). *Paris, P.-G. Simon et N.-H. Nyon*, in-4, 4 p.

ROLAND DE LA PLATIÈRE (Joseph-Marie). — Dictionnaire des manufactures et des arts qui en dépendent. *Paris, Panckoucke*, 1785 et années suivantes, 4 vol. in-8.

Ce dictionnaire fait partie de l'*Encyclopédie méthodique par ordre de matières.* Voy. dans la seconde division *des arts et métiers mécaniques :* l'art du charron ; l'art du menuisier en voitures ; l'art du sellier et bourrelier, et, dans les *Recueils de planches de l'Encyclopédie par ordre de métiers :*

T. III : l'Art du menuisier en voitures (17 planches) : 1. Berline, élévation latérale ; — 2. Berline vue par devant et par derrière ; — 3. Coupes transversales du devant et du derrière de la berline ; — 4. Coupe longitudinale et plan de l'impériale de la berline ; — 5. (double) Pièces d'une berline à la françoise ; — 6. Diligence à l'anglaise ; — 7. Vis-à-vis demi-anglais ; — 8. Désobligeante à l'anglaise ; — 9. Calèche ; — 10. Diable ; — 11. Chaise de poste ; — 12. Grand cabriolet ; — 13. Carrosse de jardin à une place ; — 14. Chaise à porteur ; — 15. Outils ; — 16. Outils, rabots à moulures ; — 17. Outils calibres.

T. VIII : l'Art du sellier et bourrelier (15 planches): — 1. Atelier des deux bourreliers ; — 2. Collier des chevaux de charrette ; — 3. Collier monté, bât, panneau, etc.; — 4. Travail sur le cheval de devant et le limonier ; — 5. Travail sur le cheval de bât et sur le mulet ; — 6. Détails ; — 7. Travail sur le cheval de carosse et sur celui du devant ; — 8. Travail sur le cheval de brancard et sur le bricolier ; — 9. Différens attelages, mulets armés et ustensiles du cheval ; — 10. Outils du sellier et différens arçons ; — 11. Cheval de selle et bridé, et plusieurs selles ; — 12. Couverture, bride, licol, etc. ; — 13. Atelier du sellier-carrossier, coupe d'une berline, etc. ; — 14. Plan, élévation de la chaise de poste et élévation de la berline ; — 15. Travail du bourrelier-carrossier.

Les gravures employées dans le *Dictionnaire des manufactures et des arts* faisant partie de l'encyclopédie Panckoucke, ne sont autres que celles de l'*Art du bourrelier* de Garsault (voy. ci-dessus) réduites et retournées. La mention du graveur y est remplacée par celle du directeur de l'encyclopédie : *Benard Direx*.

1783-1789

MERCIER (Sébastien).
— Tableau de Paris. *Amsterdam*, 12 vol. in-8.

Les chapitres suivants. dans cette édition, la meilleure de l'ouvrage de Mercier, sont relatifs aux voitures et aux équipages. Nous en donnons des extraits fournissant un très exact et curieux tableau du *driving* à Paris, à la fin du XVIII⁰ siècle.

Gare ! Gare ! (T. I, ch. XXXIX, p. 68-70). « Gare les voitures ! Je vois passer dans un carrosse le médecin en habit noir, le maître à danser dans un cabriolet, le maître en fait d'armes dans un diable, et le Prince court à six chevaux ventre à terre, comme s'il étoit en rase campagne. L'humble vinaigrette se glisse entre deux carrosses et échappe comme par miracle..... Des jeunes gens à cheval gagnent impatiemment les remparts . . . . Les voitures et les cavalcades causent nombre d'accidents pour lesquels la police témoigne la plus parfaite indifférence. »

Fiacres (T. I, ch. XLVIII, p. 88-90). « Les misérables rosses qui traînent ces voitures délabrées, sortent des écuries royales et ont appartenu à des princes du sang enorgueillis de les posséder . . . . Ces chevaux réformés passent sous le fouet des plus impitoyables oppresseurs. Ci-devant nobles quadrupèdes, traînant l'équipage superbe, . . . maintenant, malheureux animaux, tirant humides de pluie, dégouttants d'une sueur sale, ces voitures hideuses, dont la marche obscure est si traînante . . . Quand les fiacres sont à jeun, ils sont assez dociles : vers le midi, ils sont plus difficiles ; le soir, ils sont intraitables . . . . Plus les cochers sont ivres, plus ils fouettent leurs chevaux, et vous n'êtes jamais mieux mené que quand ils ont perdu la tête. »

LONG-CHAMP (T. II, ch. CXXII, p. 32-33). « Le mercredi, le jeudi et le vendredi saints, sous prétexte d'aller entendre l'office des Ténèbres à Long-Champ ... tout le monde sort de la ville : c'est à qui étalera la plus magnifique voiture, les chevaux les plus fringants, la livrée la plus belle ... Les femmes, ce jour-là, ne font pas la principale figure ; les équipages et les chevaux l'emportent sur elles. Les fiacres délabrés servent à rehausser les voitures neuves et élégantes. Les carrosses modernes, mieux coupés, ont, avec moins d'ornemens, beaucoup plus de beauté que ceux que l'on faisait autrefois, et, moins lourds en tous sens, ils vont avec plus de rapidité »

DOMESTIQUES-LAQUAIS (T. II, ch. CLXXII, p. 122-124). « Cette armée de domestiques inutiles, et faits uniquement pour la parade, est bien la masse de corruption la plus dangereuse qui pût entrer dans une ville.... Quand on en voit un groupe dans une antichambre, il faut songer qu'il s'est formé un vide dans la province et que cette population florissante de Paris forme de vastes déserts dans le reste de la monarchie .... Ordinairement un laquais du bon ton prend le nom de son maître, quand il est avec d'autres laquais. Il prend aussi ses mœurs, son geste, ses manières .... il est impertinent et fat. Il est passé en proverbe que les laquais les plus grands et les plus insolents sont les meilleurs. »

LANGUE du maître aux cochers (T. III, ch. CCX, p. 13-14). « On distingue parfaitement le cocher d'une courtisane de celui d'un président, le cocher d'un duc de celui d'un financier ; mais à la sortie du spectacle, voulez-vous savoir au juste dans quel quartier va se rendre tel équipage ? écoutez bien l'ordre que donne le maître au laquais, ou plutôt que celui-ci rend au cocher. Au Marais, on dit *au logis ;* dans l'île Saint-Louis, *à la maison;* au faubourg Saint-Germain, *à l'hôtel,* et dans le faubourg Saint-Honoré, *allez.* »

DU FOUET DU CHARRETIER (T. V, ch. CCCLXIII, p. 10-11). « Qui n'a pas reçu du bout du fouet d'un charretier, au risque de perdre un œil ? .... Ce fouet va chercher l'homme le plus éloigné, qui, distrait ou pensif, s'avance dans la rue et lui emporte une oreille ou lui coupe le visage. Le charretier jure toujours comme un enragé, quoique le sang coule, et le pauvre blessé, qui voit couper et cingler les chevaux, n'ose encore parler à ce diable furieux, et se sauve chez le chirurgien du quartier .... Les chevaux en Angleterre vont sans qu'on les frappe. Pourquoi ? C'est qu'on ne les gâte pas jusqu'à ce point et qu'on ne les fait pas périr de bonne heure sous le poids de la surcharge. »

Coureurs, chiens-coureurs (T. V, ch. CCCLXVIII, p. 16). « La mode des coureurs étoit à Paris beaucoup plus en usage qu'à présent. On voyoit deux hommes lestement vêtus, devancer deux coursiers fougueux et courir dans les rues de Paris, en souliers plats et en bas blancs qu'ils ne salissoient pas, tout en courant sur le bord des ruisseaux. C'étoit sans doute une curiosité. Mais faire courir ainsi les hommes, étoit-ce humanité, décence, honnêteté ? Un gros homme opulent, gonflé de son or, tapis dans sa voiture, attachoit ainsi deux esclaves, deux de ses semblables, qu'un faux pas pouvoit faire rouer .... Les gens à équipages ont renoncé à ce luxe impertinent et dangereux, ... mais ils font courir des lévriers, qui ne semblent précéder la voiture que pour renverser les gens et les exposer à être foulés aux pieds des chevaux ou brisés sous les roues. »

Charrettes (T. V, ch. CCCCLI, p. 193-194). « Elles sont toujours trop chargées et au-delà de ce qu'il est possible à des chevaux de traîner .... Les coups de fouets déchirants qui retentissent tandis que les pieds des chevaux frappent et brisent le grès des pavés, font des rues de Paris une arène de tourments pour le plus utile de tous les animaux. Il n'y a point d'Anglois qui ne tressaille et qui ne soit saisi de douleur en les voyant traiter si inhumainement ... Une ordonnance de police favorable aux chevaux, seroit-elle déplacée ? »

Turgottines (T. V, ch. CCCCLII, p. 194-196). « Voitures publiques, ainsi nommées lors du changement que fit M. Turgot dans toutes les messageries du royaume, à l'aide d'un privilège exclusif. La gêne qu'on y éprouve pourrait faire naître l'idée fausse d'un ministre exacteur. La caisse de ces carrosses est étroite et les places y deviennent si pressées que chacun redemande sa jambe ou son bras à son voisin dès qu'il s'agit de descendre. Le marchepied trop haut est incommode et impraticable pour les femmes..... On attelle de maigres chevaux de poste, souvent écorchés, à cette machine monstrueuse, chargée de monde et surchargée de coffres et de valises.... Ce n'est plus une voiture, c'est un globe qui se meut. Son passage devient effrayant, un bruit tumultueux le précède et l'annonce. S'il descend avec rapidité, il risque de se renverser; quelquefois l'accident arrive, l'énorme carrosse tombe, et vous avez beau demander au directeur le prix de vos bras et de vos jambes, il vous montre froidement son privilège, et regarde votre personne comme un ballot de plus, dont il ne doit pas supporter les accidents, vu la loi éternelle du choc des corps et des frottements. »

CHAISE A PORTEUR (T. VI, ch. CCCCLXXIX, p. 46-47). « Porter quelqu'un dans les rues fangeuses et embarrassées de la capitale, n'est pas chose facile. Aussi ces chaises ne peuvent-elles circuler que le matin et dans certains quartiers paisibles. Les douairières vont ainsi à la messe et le laquais suit, portant *les heures* dans un sac de velours rouge brodé. »

FOUETTE COCHER (T. VI, Ch. CCCCLXXIX, p. 47-49). « C'est le mot que dit encore le Provincial en montant dans un *remise*. Oui, oui, *fouette cocher*; tu crois d'arriver comme cela, mon bel ami. As-tu calculé les embarras qui empêcheront les pas de tes chevaux ?..... Pauvre provincial, prends patience dans ta voiture ! Tu as calculé la distance, mais non le temps qu'il fallait pour la franchir, et tu arriveras trop tard pour la visite importante ou frivole que tu vas faire. »

CORBILLARD (T. VII, Ch. DLXXXIX p. 151-152). « Vaste char, servant aux magnifiques obsèques des Princes, où l'on porte à son dernier gîte un grand personnage mis en plomb..... La marche lourde et lente de ce corbillard traîné par huit chevaux caparaçonnés, quel spectacle! Les crêpes du cocher pendent jusqu'à terre. Les chevaux, sous la casaque noire et blanche qui les couvre, sont indociles à l'ordre des funérailles. Le volume de ce char est élevé et fort ample... les armes du défunt sont peintes au dehors d'une manière également large et tranchante. Mais, tandis que le deuil environne ce char funèbre, sous la vaste toile qui est très épaisse, sont des ouvriers en veste, qui jouent aux cartes et aux dez sur le cercueil royal pour se désennuyer de la longueur de la marche. Ce que j'avance ici est un fait. »

CARRABAS, POTS DE CHAMBRE (T. VIII, Ch. DCXXIII, p. 67-70). « Qui ne connoit le majestueux carrabas, attelé de huit chevaux, lesquels font quatre petites lieues en six heures et demie de temps ! Il mène les gens à Versailles ; il renferme dans une espèce de longue cage d'osier vingt personnes qui sont une heure à se chamailler avant de pouvoir prendre une attitude, tant elles sont pressées, et, quand la machine part, voilà que toutes les têtes s'entre-choquent. On tombe dans la barbe d'un capucin ou dans les tettons d'une nourrice. Un escalier de fer, à large degrés, oblige vieille et jeune à montrer au moins sa jambe à tous curieux passant.... Il faut entrer dans ce carrabas, ou dans les carrosses dits *pots de chambre*, moins incommodes, moins constamment ouverts, à tous les vents..... Tandis que ces hideuses voitures vous estropient ou vous ennuient, il est défendu à la charrette oisive, au cabriolet léger, au fiacre vide, au fourgon commode, de voiturer personne sur cette route royale. Vous devinez Lecteur, qu'il s'agit là encore d'un beau privilège exclusif. »

ALLER A PIED (T. VIII, Ch. DCXLIV, p. 132-235). « Ce sera bientôt une chose ignoble. Tous les hommes de génie dans tous les genres vont néanmoins à pied. Il y a de l'esprit dans les voitures, mais le génie est à pied..... Une voiture est le but où veut atteindre chaque homme dans le chemin scabreux de la fortune. Au premier pas heureux, il établit un cabriolet qu'il conduit lui-même ; au second, vient le carrosse coupé ; au troisième, carrosse pour Monsieur ; puis enfin, carrosse pour Madame. Quand la fortune s'est arrondie, le fils a son *cabriolet*, l'homme d'affaires de la maison a son *cabriolet* ; le maître d'hôtel va à la halle en *cabriolet* ; bientôt le cuisinier aura le sien et tous ces cabriolets, voitures infernales, livrées le matin à la valetaille impudente, roulent diaboliquement dans des rues sans trottoirs. »

LE FIACRE BLAMÉ (T. IX, Ch. DCCXIX, p. 108-110). « Jérôme, approchez. *(Jérôme, en souquenille, son chapeau encore gonflé du suc lapideux des gouttières, les cheveux noirs et humides, ayant laissé son fouet à la porte de la grand'chambre, approche.)* Jérôme, approchez. *(Un huissier conduit Jérôme, les yeux stupéfaits, jusqu'à la barre. Le parquet résonne sous ses souliers ferrés de clous.)* Jérôme, approchez. LA COUR VOUS BLAME. — Qu'est-ce c'est que ça, dit le fiacre à l'huissier ? cela m'empêchera-t-il de mener mon fiacre ? — Non, mon ami. — En ce cas-là, dit le fiacre, je m'en..... *(On n'imprime point ici l'idiome des fiacres.)* Tout le monde sait ce trait. Le blâme n'est rien pour un fiacre..... La loi a perdu de sa force ; il en faut une autre pour les fiacres brutaux et ivres. »

WHISKI (T. IX, Ch. DCCXXXIV, p. 159-161). « Hautes voitures imitées des Anglois. Elles sont, sur le pavé de Paris, incommodes, meurtrières, dangereuses, même pour celui qui les mène ; car elles vomissent souvent leur conducteur, à raison de leur forme et de leur élévation.... Un whiski, le jour de Pâques 1788, a écrasé en un clin d'œil, une femme et un prêtre. J'ai été témoin de l'affreux accident..... La capitale est deshonorée par cette indifférence pour la vie des citoyens. On a purgé la ville d'assassins ; mais l'assassinat commis par un homme monté dans un haut cabriolet, diffère-t-il d'un coup de poignard ? Le poignard est plus doux que les roues dentelées d'une voiture, qui vous laissent quelquefois un reste de vie pour souffrir des siècles. »

ESSIEUX ROULANTS (T. XI, p. 180) (1). « Des millions de charretiers ont conduit des charrettes en surchar-

---

(1) Les chapitres du *Tableau de Paris* cessent d'être numérotés à partir du tome XI.

geant eux et leurs chevaux du double de la pesanteur des fardeaux ; aucun d'eux n'avoit imaginé les essieux roulants... Les jantes de toutes les voitures roulant fardeaux sont trois fois plus larges qu'elles n'étoient ci-devant ; et ce large bandage que nous avons imité enfin des Anglois, au lieu de sillonner et de détruire les chemins, les consolide et les affermit ; mais il a fallu, pour parvenir à cet heureux changement, le bras impératif de l'administration ; jamais les voituriers n'y seroient venus d'eux-mêmes. »

CHAISE A PORTEUR (T. XI, p. 211). « La chaise à porteur n'est usitée que dans les rues tranquilles de quelques fauxbourgs ; elle est impraticable dans le centre de la ville, à cause du tumulte des voitures..... Elle est usitée à Versailles, parce que les rues y sont larges, commodes et nullement obstruées. On n'y voit que duchesses qui se balancent dans les cours entre quatre piliers largement chaussés, venus tout exprès d'Auvergne ou du Limousin. C'est le contraire à Paris, il faut être une vaporeuse en cornettes... ou un convalescent.... pour oser se servir de cette voiture parmi le choc des équipages. »

CHAISE DE POSTE (T. XII, p. 115-120). « La plus heureuse des inventions est *la Chaise de poste*. Je n'ai jamais pu envier aux riches que ce seul avantage..... Oh ! qu'il est doux, ratatiné dans un enclos commode, de se rendre observateur, tantôt d'une ville, tantôt d'un village ! De tous les états de la vie, celui de voyageur est le plus fécond en plaisirs purs et nouveaux....... Le projet de faire voyager commodément les commerçants et les curieux..... étoit bon, mais ce projet a été gâté par la structure des Turgotines. Voilà ce qu'amène un privilège exclusif. Il ne faut point avoir recours, s'il est possible, aux messageries royales ; les plaintes les mieux fondées sont toujours en pure perte. »

1786

LE CABINET DES MODES, ou les modes nouvelles, décrites d'une manière claire et précise et représentées par des planches en taille-douce enluminées, etc. *Paris, Buisson*, 5 vol. in-8.

Le Cabinet des Modes paraissait par cahiers bi-mensuels (8 pages de texte et 3 gravures). Nous relevons, dans la collection de ces cahiers :

Première année (1786)

11e cah., pl. II. Voiture dite vis-à-vis à l'Anglaise ;
12e cah., pl. II. Cabriolet ;
19e cah., pl. III. Voiture vis-à-vis.

Seconde année (1787)

9e cah., pl. III. Diligence ou voiture coupée ;
27e cah., pl. III. Petit cabriolet dit stope ou cabriolet solo;
28e cah., pl. I. Berline anglaise;
29e cah., pl. III. Voiture coupée-solo;
30e cah., pl. III. Voiture dite Wisket;
32e cah., pl. II et II', grande calèche.

Troisième année (1788)

23e cah. Wisket de chasse.

Quatrième année (1789)

23e cah. Voiture Wisket;
27e cah. Phaëton-calèche.

Les planches des quatre premières années ont été gravées par Duhamel.

JOURNAL POLITYPE des sciences et arts.

Voy. (T. I, n° V, p. 84-86), la *Description d'un charriot à quatre roues, construit de manière à tourner d'aussi court que possible*, par M. Bailey le jeune. Traduit de l'Anglois, avec deux planches.

ORDONNANCE du Roi, portant Règlement sur la Police à observer sur les routes par les postillons de Poste et les Rouliers, Charretiers et autres Voituriers. (Du 4 février 1786). *Paris, P.-G. Simon et N.-H. Nyon,* in-4, 4 p.

ARRÊT du Conseil d'État du Roi, qui affranchit de la consignation, ordonnée par l'arrêt du 13 novembre 1785, celles des Voitures étrangères qui entrent dans le royaume sans indice qu'elles doivent y être vendues. (Du 5 juin 1786). *Paris, P.-G. Simon et N.-H. Nyon,* in-4, 3 p.

L'arrêt que nous avons signalé, étant devenu « une gêne incommode pour les voyageurs », fut adouci par ce dernier.

1787

ARRÊT de la Cour de Parlement, qui ordonne qu'une Ordonnance rendue par les Officiers de Police de la ville de Paris, concernant les Cochers de place, les Cochers de Remise, les Gagne-deniers, Commissionnaires ou Porte-falots, et les Loueurs de carrosses de place, sera exécutée selon sa forme et teneur. (Du 17 juillet 1787). *Paris, N.-H. Nyon.,* in-4, 8 p.

ORDONNANCE de police, portant que l'augmentation du prix des Carrosses de place et des Voitures des environs de Paris cessera au premier octobre prochain, attendu la diminution du prix des fourrages. (Du 17 août 1787). *Paris, P.-H.-D. Pierres, premier imprimeur du Roi, de la Police,* etc., in-4, 4 p.

ARRÊT du Conseil d'État du Roi, qui résilie le Bail des Messageries passé le 28 septembre 1782 à Théodore-Joseph Ducessois et ordonne qu'il en sera passé un nouveau à Basile Durdan pour neuf années, qui commenceront le 1er janvier 1788. (Du 29 décembre 1787). *Paris, imprimerie royale,* in-4, 4 p.

DIOGÈNE A PARIS. *A Athènes, et se trouve à Paris, chez Buisson, libraire,* in-12, 274 p.

Le chapitre XVI de cet intéressant ouvrage, attribué à J.-M. Dufour, avocat au Parlement de Paris, est consacré aux *Voitures, carrosses, chevaux.*

STORCH (Heinrich).
— Skizzen, Szenen and Bemerkungen, auf einer Reise durch Frankreich Gesammelt. *Heidelberg F. L. Pfähler,* in-8, 460 p.

Dans ces esquisses, remarques et tableaux recueillis pendant un voyage à travers la France, Heinrich Storch parle ainsi de nos premières diligences :

« Les diligences ont été rendues plus commodes, plus légères ; elles ont été suspendues par des courroies ; elles sont cependant encore très lourdes, ce qui est la conséquence inévitable du grand nombre de personnes que chacune d'elles transporte. L'intérieur de la voiture peut contenir dix personnes : trois en arrière, trois en avant et deux entre chaque partie latérale. Chacun est assis commodément, et, au milieu, il y a toujours assez de place pour y installer une petite table. On peut aussi y caser aisément les chapeaux, les cannes et les petits paquets. De chaque côté s'ouvre une grande fenêtre et deux petites ; à l'extérieur, par devant, il y a aussi un banc pour trois personnes, que l'on nomme le cabriolet, et où l'on paie moitié prix. Derrière et sur la voiture même, on place de grands paniers avec de la paille et des porte-manteaux. C'est ainsi que sont disposées la la plupart des diligences, à l'exception de quelques-unes d'entre elles qui sont divisées en deux compartiments .... La vitesse avec laquelle elles marchent est très grande ; quand la route est difficile, la distance entre les relais n'est que de deux lieues. Le changement de chevaux .... ne prend presque aucun temps ; ils attendent tout harnachés devant la poste et souvent les voyageurs n'ont pas le temps de descendre. Comme on change très fréquemment de chevaux, on va toujours au galop. Le nombre des chevaux est déterminé par le poids de la voiture .... Bonnes routes, bons chevaux, voitures commodes, tout est réuni pour rendre un voyage en France agréable au possible. »

1788

LONGCHAMPS, poëme *s. l. n. d.*, in-8, 22 p. — Tableau satirique, en vers de dix syllabes, de la promenade de Longchamps. (Voy. Paul Lacombe, *Bibliographie parisienne*, p. 48.)

SKETCH of a Fornight's Excursion to Paris, in 1788.

Publié dans le *Gentleman's Magazine* (année 1797, p. 998). Ces souvenirs contiennent un très intéressant passage relatif aux voitures et aux fiacres de Paris :

« La nature des voitures et la façon dont elles sont conduites rendent souvent alarmante la situation du piéton. Même de la part des charrettes, qui, plus étroites, sont beaucoup plus longues que les nôtres, l'on a, dans les tournants et les détours des ruelles, à redouter mille ennuis. Le nombre des *chaises* à un cheval est incroyable. Elles sont massives et pesantes que les brancards en sont souvent ajustés à un devant de voiture avec un siège, et elles sont ainsi transformées en *chariot*. Elles ne peuvent être en usage qu'à Paris, étant beaucoup trop lourdes pour les voyages. Elles sont conduites par le propriétaire lui-même en bel habit, le matin à travers la ville et le soir dans les promenades publiques Un laquais se tient ordinairement derrière, debout sur un marche-pied recouvert d'un coussin de cuir. Comme ordinairement le maître conduit avec une extrême rapidité, le laquais, abominablement secoué, semble à tout moment sur le point d'être jeté sur le pavé. Les chevaux, en général, sont forts et ont de l'allure. Les meilleurs viennent d'Angleterre, mais ils ont vilain poil et semblent mal nourris, car le foin qu'ils mangent est d'une qualité inférieure à celle du nôtre. Ils sont chargés de couvertures brodées et fort voyantes. Comme ils sont bien embouchés, ils sont menés avec plaisir et avec sécurité. Les très rares voitures et carrosses, légers et élégants que nous vîmes, ont été faits à Londres. Mais nous en rencontrâmes moins que nous ne pensions. Les autres sont luxueux mais lourds. Les poignées des portières elles-mêmes suffiraient à faire connaître le lieu de leur fabrication, car les poignées et les serrures sont très rarement bien faites en France. La position du cocher, ayant les jambes étendues sans pouvoir atteindre le garde-crotte pour s'appuyer un instant, est à la fois ridicule et pénible à voir. Sa queue, et, quand il est en grande livrée, sa perruque, nous permettraient à nous autres Anglais de penser que chaque maître est son propre cocher et que les Lade et les Molesworth sont très communs à Paris (1).

« Les fiacres (*hackney-coaches*) sont inférieurs aux derniers de Londres. Il faut vraiment la saleté des rues et le danger que l'on y court pour décider un homme à se confier à eux. Le cocher s'assied ordinairement sur une planche placée derrière son siège, regardant cela comme la position la plus commode et la plus sûre. Le prix d'un fiacre commun est de 24 sous l'heure... Le nombre des voitures de place à Paris est, nous a-t-on dit, de 6000. Il y a, en outre, une sorte de véhicule pouvant remplacer la chaise à porteurs et qui n'est pas sans ressemblance avec ces chaises employées à Bath pour les malades. C'est une chaise posée sur deux roues et tirée par un homme au moyen de deux forts brancards.

(1) Sir John Lade et A. Molesworth, membres du *Four-in-hand Club*. Voy. ci-dessous, au sujet de Sir John Lade, les *Reminiscences of captain Gronow*.

Ces machines sont appelées *brouettes*, ce qui, en Anglais, signifie *Wheel-Barrow*. Un piéton atteint par la roue d'une voiture n'a pas le droit de se plaindre, si c'est une roue de derrière. Le cocher n'est responsable que pour les roues de devant. »

1789

LE MERCURE DE FRANCE, n° du samedi 31 janvier 1789.

L'on trouve, parmi les pièces fugitives publiées dans ce numéro, ces vers piquants relatifs aux grelots alors imposés aux cabriolets, en raison de leur dangereuse vitesse :

VERS sur les Grelots qu'on veut attacher aux Cabriolets, pour ne pas écraser les passans.

    On maudissoit ces Chars légers
    Qu'un seul Coursier guide et promène
    Entre le meurtre et les dangers,
    Courant Paris comme une arène.
    Quelque bon Suisse eût bêtement
    Dit à part soi : « J'allois trop vite ;
    « Et bien, allons plus doucement ».
    Mais le François, toujours charmant,
    A toujours l'art et le mérite
    De se corriger galamment.
    Désormais son heureux génie,
    De Grelots bien retentissans
    Orne ces Chars, dont l'harmonie
    Avertit de loin les passans.
    Heureux François, dont l'industrie
    Sait embellir même un défaut !
    Pour devenir sage, il lui faut
    L'emblême encor de la Folie.

LONGCHAMPS. Satire adressée par le Tiers-État aux nobles etc. *A Vérax, chez Mordant et compagnie*, in-8, 14 p.

Pièce en vers alexandrins entremêlés de vers irréguliers. Composition médiocre et d'un assez mince intérêt.

VŒU D'UN PIÉTON, présenté à l'Assemblée nationale. Juillet 1789. *S. l.*, in-8, 15 p.

Curieux pamphlet contre les voitures et particulièrement contre les Wiskis et les cabriolets, dont nous n'avons pu découvrir l'auteur. « Comment dépeindre — écrit-il — la rapidité meurtrière des voitures et l'insolence de ces coquins de cochers qui, aujourd'hui grimpés aussi haut que leurs impériales, paraissent de là vouloir dominer sur les piétons et sont tout prêts à les écraser ! Que dirai-je donc des airs impérieux si *assomables* de tous ces petits maîtres à Wiski, qui, dans leurs légers phaëtons, s'inquiètent très peu de toutes les victimes que leurs roues sacrifient ? Il paraît aussi que le ministère s'en est bien peu inquiété car ces accidents se renouvellent tous les jours et les Wiskis existent encore !

« Autre abus . . . . un petit maître arrive chez une Laïs et laisse sa belle voiture à la porte, ou avec son Jockei, ou le plus souvent sous la seule conduite de son cheval. . . . Qu'arrive-t-il ? Le cheval s'ennuie ou s'effraye, et le voilà qui court ventre à terre dans une rue fréquentée jusqu'à ce qu'une voiture plus forte ait brisé celle qu'il conduisait. Ah ! c'est fort bien cela : on jouit de voir le Wiski brisé…. Oui, mais avant d'être brisées, les roues de ce misérable phaëton avaient accroché une douzaine d'individus. » Et le pamphlétaire tonne ainsi pendant quinze pages contre les voitures « que la Noblesse fabriqua pour insulter à l'indigence et à l'honnête médiocrité. »

1790

LES MOTIONS DE BABOUC (cité par Voltaire), relatives aux opérations de l'Assemblée nationale. *Paris, imp. Andrée*, 24 n^{os} in-8 de 8 p.

La cinquième de ces motions qui se vendaient chez Perlet, rue Percée, n° 8, est *relative aux fiacres et carrosses de remise.* — *Babouc* réclame une diminution de la taxe des fiacres dont il fait d'ailleurs un lamentable tableau, rappelant celui que nous avons précédemment donné :

« Qui croiroit qu'au milieu de la plus brillante ville de

l'univers, il y a des fiacres tellement délabrés et tellement ouverts de toutes parts qu'on y est exposé, comme dans une place publique, à toutes les intempéries de l'air et à toute la rigueur des saisons ? Nulle portière qui ferme, nulle vitre qui ne soit brisée, et, pour achever cette triste peinture, on ne peut s'y asseoir qu'au sein de la malpropreté ; le cocher est lui-même un objet dégoûtant par la manière dont il est vêtu, et c'est néanmoins le personnage qui donne le bras aux femmes pour les aider à monter et à descendre. »

1791

LA BROUETTE RENVERSÉE, ou les deux fiacres, pièce en 1 acte.

Représentée sur le théâtre des Marionnettes de Séraphin, le 13 janvier 1791.

BIMBENET (Jean-Eugène).
— Relation fidèle de la fuite du roi Louis XVI et de sa famille à Varennes, extraite des pièces judiciaires et administratives, et de celles saisies aux domiciles de MM. de Bouillé, de Fersen, de Klinglin, de Goguelat, de Maldent, de Valory, de Moustier et autres accusés devant la haute cour nationale provisoire établie à Orléans, déposées au greffe de cette juridiction. *Paris, Dentu*, 1844 in-8, xxv-305 p.

Voy. (p. 54) l'analyse très intéressante de la déposition du carrossier Jean Louis, fournissant la description de la voiture historique, dans laquelle la famille royale avait quitté Paris.

La berline de voyage, commandée au carrossier Jean Louis, rue de la Planche, faubourg Saint-Germain, coûtait d'après le mémoire remis le 12 mars 1791, la somme énorme de 5,944 livres. Rien n'y manquait de ce qui pouvait être réclamé par l'élégance et le confortable. Le carrossier avait employé une caisse de berline montée sur un train à ressort qui lui avait été commandé en 1789 par M*me* de Polastron. Jean Louis décrit avec complaisance dans sa déposition, le filet à tresses de soie destiné à contenir les paquets, les poches portatives à chaque portière, les quatre *matelas* ou coussins couverts en taffetas d'un côté et en maroquin vert de l'autre, les coffres en bois de noyer garnis de verrous et de deux tuyaux d'aisance à chacun, le rideau du dossier en taffetas, avec un autre rideau de maroquin vert par-dessus, les pots de chambre en cuir verni, les cuisinières en tôle de fer, la cantine en cuir pour huit bouteilles, la ferrière sous le siège du cocher, contenant tous les ustensiles pour le voyage, les deux grandes vaches sur l'impériale, les deux lanternes à reverbères, les deux fourches ferrées pour maintenir la voiture dans les montagnes, etc.

(Voy. Victor Fournel, *l'Évènement de Varennes*, p. 67.)

Le *Mémoire du chariot de poste de M. le comte de Fersen, livré le 16 juin 1791, par Louis, sellier à Paris, successeur du sieur Warin* est donné in-extenso aux pièces justificatives (p. 297-305).

1793-1798

GAZETTE NATIONALE ou le Moniteur universel.

Voy. le n° 170 (27 septembre 1793).

« Conseil général de la commune de Paris. Un membre demande qu'il soit pris des mesures pour empêcher la circulation dans Paris de voitures portant encore des armoiries, ainsi que des harnais de chevaux et des housses de siège qui sont couverts de livrées. D'après différentes propositions, le conseil arrête que les voitures et chevaux, qui se trouveraient porter des emblêmes de féodalité, seront confisqués et les propriétaires arrêtés comme suspects. L'administration de police est chargée de surveiller l'exécution du présent arrêté » ;

Le n° 213 (22 avril 1794).

« Convention nationale, séance du 2 floréal : Monmayau, au nom du comité d'aliénation et des domaines :

« Il est temps de balayer les restes impurs de la tyrannie ; il est temps d'en faire disparaître tous les signes et tous les attributs ; il ne faut pas qu'il en reste le moindre vestige. Vous connaissez, citoyens, les précautions que l'on prend pour arrêter la maladie pestilentielle des chevaux morveux ; on s'empresse de les assommer, de livrer aux flammes leurs harnais et leurs rateliers, et de purifier par le feu les écuries qu'ils ont habitées. Je viens, au nom de votre comité d'aliénation et des domaines, vous proposer de purifier également la maison appelée les petites écuries du ci-devant tyran. Il existe dans cette maison, située rue du Faubourg-Franciade, plusieurs voitures provenant de la ci-devant liste civile, entre autres, celle dite du sacre. Cette voiture, monstrueux assemblage de l'or du peuple et de l'excès de la flatterie, est invendable, soit par sa forme colossale, soit par l'énorme réunion de tous les attributs de la féodalité et de la bassesse que des hommes libres doivent se hâter d'anéantir.

« En l'exposant en vente, la vue de cet indigne monument insulterait à la majesté du peuple en lui rappelant les triomphes impies des oppresseurs que sa justice vengeresse a frappés, et il serait possible que des aristocrates vinssent y mettre un prix excessif dans l'intention perfide de conserver quelques débris de la royauté. Il existe également, dans cette maison, beaucoup de traîneaux qui servaient aux délassements d'une cour corrompue ; il n'est pas présumable que ce genre d'exercice, introduit en France par le sang criminel d'Autriche, entre pour quelque chose dans la gymnastique de l'éducation nationale. Ces traîneaux représentent des lions, des tigres, des léopards et des aigles ; en général, ils sont l'effigie du caractère de ceux qui s'en servaient. Il en est un surtout dont l'aspect fait frémir la nature ; il représente deux nègres attelés à un char comme de vils animaux, et celui-là, peut-être, devrait être brûlé en présence des noirs qui se trouvent à Paris. Vous observerez sans doute que ces traîneaux, dont le climat de la France rend l'usage bien rare, se vendraient à vil prix et qu'il serait plus avantageux de les échanger contre quelques productions du Nord utiles à la République et de renvoyer ainsi ces misérables voitures dans les contrées où les glaces des hivers cachent pendant six mois à la terre qu'elles couvrent l'esclavage des peuples et les plaisirs des despotes. Le comité me charge de vous présenter le décret suivant :

« La Convention nationale, après avoir entendu le rapport de son comité d'aliénation et des domaines, décrète :

« Art. 1er. La voiture dite du sacre sera dépecée : les matières d'or et d'argent qui en proviendront seront envoyées à la trésorerie nationale. Tous les cuivres portant l'empreinte de la royauté seront dédorés pour être versés dans la fonte des canons. Les ornements, cuirs, soupentes et ressorts qui n'en retiendront aucun vestige seront vendus.

« II. Le comité d'instruction publique fera examiner les peintures des panneaux de ladite voiture, et constater si lesdits panneaux méritent d'être conservés comme monuments d'art ; dans le cas contraire, lesdits panneaux seront brûlés.

« III. Les mesures ci-dessus prescrites s'étendront également aux autres voitures du même genre qui ont servi au grand-père, aux sœurs et à la fille du dernier tyran.

« IV. Le comité de salut public est autorisé à employer, dans les échanges avec les étrangers, les traîneaux existant à la maison des ci-devant petites-écuries. Ce décret est adopté ».

Le n° 325 (12 août 1798).

« Conseil des Cinq-Cents. — Motion d'ordre de Delbrel sur l'abus qui résulte de la rapidité avec laquelle on laisse courir dans Paris, les voitures et les cabriolets : « Quoi, dit-il, on a abattu et fait disparaître sans pitié, de misérables échoppes, asile et gagne-pain de pauvres pères de famille, et on respecte, jusque dans leurs moyens de nuire, ces chars brillants de nos parvenus ; ces échoppes roulantes, au milieu desquelles se pavannent des prostituées ou des efféminés ! C'est peut-être une question que celle de savoir si, dans un Etat où l'égalité règne, il doit être permis d'avoir des voitures autres que celles nécessaires au service public. Cependant, si la société en permet l'usage, qu'elles ne deviennent pas du moins un danger public et journalier. Ordonnons que nulle voiture ne pourra passer dans les rues de Paris si ce n'est au pas. Renvoi à une commission spéciale. »

Le n° du 26 août contient des réflexions sur un article de Mercier, qui se plaint des dangers que font courir aux piétons l'énorme quantité des cabriolets qui brûlent le pavé de Paris. Mercier ne voit d'autre remède à ce mal que l'extinction de la race des chevaux.

HUZARD, vétérinaire en chef des Messageries nationales.
— Instruction sommaire aux voituriers, conducteurs de fourgons et autres voitures publiques nationales sur les soins qu'ils doivent donner à leurs chevaux en route pour les conserver en santé, prévenir les accidents auxquels ils sont exposés et remédier à ceux qui pourraient leur arriver. *Paris, de l'imprimerie et dans la librairie vétérinaire de J.-B. Huzard, Cour de la Jussienne*, petit in-8, 62, 11 p.

Les 11 dernières pages contiennent un supplément à l'*Instruction* pour les conducteurs et cochers des messageries nationales relativement à la morve.

1793

CRÉQUY (Renée-Caroline de Froullay, marquise de).
— Souvenirs (1710-1809). *Paris, Fournier jeune*, 7 vol. in-8.

Mémoires apocryphes, rédigés par M. Cousin, comte de Courchamps et dans lesquels il n'entre peut-être pas une seule ligne écrite par la marquise de Créquy. Néanmoins, comme ils ont été formés de notes et de traditions recueillies peu de temps après la Révolution, nous en extrayons cet intéressant passage relatif aux carrosses ou, plutôt, à la fin des carrosses, qui, en dépit de leur valeur et du mérite artistique des peintures dont ils étaient ornés, disparurent presque tous dans la tourmente révolutionnaire. L'anecdote suivante, que nous reproduisons sous toutes réserves, expliquerait la complète disparition des voitures tant admirées à Longchamps aux derniers jours de la monarchie.

Il s'agit des chiens de Paris, affamés, sans maîtres ni domiciles :

« Ils se rendaient pendant la nuit sur la place de Louis XV et dans les Champs-Elysées, en si grand nombre qu'ils prenaient l'audace de s'ameuter et de barrer le passage à toutes les charrettes de maraîchers dont ils mordaient les conducteurs et les chevaux comme s'ils fussent devenus enragés ou tout-à-fait sauvages......... Les gardes nationaux de Paris en exterminèrent trois mille.... Mais quand il s'agit de les faire enlever pour les enterrer, ce fut un embarras sans exemple....... Le représentant Gasparin imagina d'en faire une cérémonie patriotique. On vint mettre en réquisition tous les anciens carrosses qui se trouvaient en séquestre sous nos remises ; je n'ai pas besoin de vous dire qu'il n'a jamais été question de restituer toutes ces voitures à des aristocrates ; je ne m'en étonne pas beaucoup ; mais, parmi toutes les mesures de salut public et de sûreté générale, enfantées par M. Gasparin, il faut convenir que celle de remplir nos carrosses de parade avec des chiens morts était la plus étrangement révolutionnaire.

« On m'avait requis et confisqué deux belles voitures, et j'ai su par Dupont que c'étaient cinq à six grands carrosses de Bellevue (de Mesdames, tantes du Roi), qui figuraient en chefs de file à ce beau cortège, avec des têtes de caniches, des croupes et des queues de mâtins, qui passaient par chaque portière. Qu'il avait d'esprit et de malice, ce Gasparin ! » (*Éd. Garnier*. T. VIII, p. 154.)

1799

MERCIER (Sébastien).
— Le Nouveau Paris. *Paris, Fuchs, Ch. Pougens et Ch.-Fr. Cramer.* 6 vol. in-8.

Très curieuse continuation du *Tableau de Paris*, dans laquelle nous indiquerons deux chapitres : CABRIOLETS DANGEREUX (T. I, ch. CCXII, p. 185-188). « Depuis que le peuple est souverain et qu'il s'intitule lui-même ainsi, il est bien inconcevable qu'il se laisse écraser parfois comme sous l'ancien régime..... Quoi ! le jour même de la fête de la Souveraineté du Peuple, un citoyen périt sous les roues du cabriolet d'un agioteur..... Opulence ! opulence ! promène à ton gré tes chevaux, tes roues, ton insouciance, pour des bras ou des jambes cassés ! Tu règnes sans contestation, sans décroît et sans intervalle sur le peuple souverain ! » — VOITURES NOUVELLES (T. V, ch. CCXXIII, p. 244-247). « Elles (les vieilles voitures) ont fait place à la berline plus légère, à la désobligeante superbe, à la dormeuse immobile, au phaëton rapide, au wiski aisé, au cabriolet solo, à grelots et à sonnettes. Les voitures sont coupées carrément ; elles sont haut montées ; leur marche est bruyante ; le siège du cocher est un large et long canapé à franges riches ; il est juché si haut qu'on pourrait l'appeler un télégraphe. Les panneaux des voitures sont garnis de lames et de bossettes en métal. Il n'y a plus ni armes, ni chiffres ; un vernis égal leur donne à toutes un air de ressemblance. Le cocher dans sa hauteur est plus maître de ses chevaux, mais, si son devoir n'était pas d'être toujours attentif, il pourrait observer tout ce qui se passe dans les entresols. Les chars des heureux du jour sont simples, élégants, sans dorure, légers comme des nuages que le vent emporte ; ils semblent tous faits pour suivre le vol de l'hirondelle ou pour remporter le prix aux courses olympiques ; ils passent comme l'éclair, voilà pourquoi les piétons ne paraissent aux yeux des conducteurs que de l'herbe ou des pavés. »

XIXe SIÈCLE

1800

ANDRIEUX (F.-G.) membre de l'Académie française.

— Contes et opuscules en vers et en prose, suivis de poésies fugitives. *Paris*, in-8.

<small>Voy. dans ce recueil, la pièce La Voiture publique, composée en 1791.</small>

GERSIN, Amin et de Jouy.

— Le Carrosse espagnol, ou Pourquoi faire ! Comédie-vaudeville en 1 acte. *Paris, au théâtre du Vaudeville*, , in-8, 51 p.

<small>Représentée sur le théâtre du Vaudeville, le 14 nivôse an VIII (14 janvier 1800).</small>

HENRION.

— Encore un tableau de Paris. *Paris, Favre*, in-12, 158 p.

<small>Voy. le chapitre XXXVIII : Cabriolets.</small>

SÉGUR LE CADET (J.-A.)

— Le Cabriolet jaune, opéra bouffon en un acte et en prose. *Paris, Huet, Legros et Cordier*, in-8, 46 p.

<small>Musique de Tarchi. Représenté sur le théâtre national de l'Opéra-Comique, le 7 novembre 1798.</small>

1800 (an VIII) - 1817

O'REILLY ET BARBIER-VÉMARS (J.-N.)

— Annales des Arts et Manufactures, mémoires technologiques sur les Découvertes modernes concernant tous les arts et métiers, les manufactures, l'agriculture, le commerce, la navigation etc. *Paris, au bureau des Annales*, 61 vol. in-8 avec planches.

L'on trouve, dans la collection des *Annales*, un certain nombre d'articles relatifs aux voitures, tels que la *Description d'une nouvelle voiture propre à être menée aussi bien en arrière qu'en avant* (T. XXXV, p. 274-290) ; une note *Sur l'avantage que présentent les roues à larges jantes pour les voitures de voyage et de luxe* (T. XI, p. 145-168) ; une autre *Sur les avantages des essieux tournans* (T. V, nouvelle collection, p. 9-15) ; le *Moyen proposé par M. de France, pour faciliter la marche des voitures dans les montées* (même tome, p. 294-298) etc., etc.

1802

CUBIÈRES (M.).
— La Diligence de Lyon, ou les Prétentions bourgeoises, comédie en 3 actes et en vers. *Paris, Huzelet*, 1802, in-8.

Cette comédie a d'abord été imprimée en prose dans le *Théâtre Moral* (2 volumes).

1802-1825

LA MÉSANGÈRE (M.).
— Journal des meubles et objets de goût.

Cette publication du célèbre directeur du *Journal des Dames et des Modes* n'est pas mentionnée dans la *Bibliographie de la Presse*, de Hatin. L'on y trouve au moins cent dix planches au trait et coloriées, modèles de voitures de ville et de campagne, dont les dessins sont inscrits sous le n° 335 dans le catalogue du cabinet de M. La Mésangère.

Paris Diligence.

1803

CARR (John).
— The Stranger in France, or a Tour from Devonshire to Paris. *London, J. Johnson*, in-4, viii-261 p.

Le chapitre IV contient de curieux détails sur les diligences, les postillons français, les chevaux normands, etc. Il est illustré d'une grande planche à l'aqua-tinte représentant la *Paris Diligence* (1).

DUCHESNE.
— Dictionnaire de l'Industrie. *Paris*, in-8.

Le *Dictionnaire de l'Industrie* contient (p. 491-505) un excellent article relatif aux *Voitures*.

1803

HUGHES (W.).
— A Tour through several of the Midland and Western departments of France, in the months of June, July, August and September 1802, with Remarks on the Manners, Customs and Agriculture of the Country. *London, Thomas Ostell*, in-8, xiii-237 p.

Illustré de quatre planches représentant des charrettes et des charrues. Le texte contient certains articles curieux : la berline et le cabriolet (p. 10) ; les postillons français (p. 17) ; le bureau des diligences (p. 142) ; bœufs attelés aux charrettes et aux charrues (p. 222), chevaux de charrette (p. 226), etc., etc.

(1) Nous en donnons ici une reproduction.

1804

DUPATY (Louis-Emmanuel Mercier).
— Les Vélocifères, comédie-parade en 1 acte mêlée de vaudevilles. *Paris, Mme Cavanagh-Barba*, in-8.

En collaboration avec Chazet et Moreau.
Nous trouvons, dans *le Mercure de France littéraire et politique* (T. XVI, p. 471), un amusant compte-rendu de cette comédie-parade, représentée « avec le succès le plus complet et le mieux mérité » sur la scène du Vaudeville :

« Arlequin aime la fille de Cassandre, qui a un établissement de voitures ordinaires ; il a pour rival Gilles *inventif*, lequel n'invente rien : lui, au contraire, a eu l'esprit d'imaginer les vélocifères, et a obtenu un brevet d'invention qu'il a mis au nom de Cassandre, dont il fait ainsi la réputation et la fortune, et qui, par reconnaissance, ne balance pas à lui donner la préférence sur Gilles inventif. Ce fond très mince est relevé par une foule de couplets étincelans d'esprit et de gaîté, » comme « celui qu'on appelle *d'annonce* :

> De la gaîté l'enfant chéri,
> A la mode toujours fidèle,
> Chez Momus voudrait aujourd'hui
> Mener sa voiture nouvelle.
> S'il fait un faux pas en chemin,
> Cette voiture est si légère
> Que vous pouvez, d'un coup de main,
> Relever son vélocifère. »

..... Arlequin, faisant l'énumération des gens à qui les vélocifères sont utiles, nomme les gens d'affaires, les amoureux, les intrigans, les fournisseurs. « Ah, mon Dieu ! s'écrient les propriétaires des anciennes voitures,

> Il ne nous restera personne ! »

Ce vaudeville fut parfaitement joué, Mme Delille y était très piquante ; Mme Henri parut « aussi belle et agréable que de coutume. Il était impossible de réunir plus de moyens de plaire ».

Deux ans après, en 1806, Beauvarlet-Charpentier publiait, dans *le Troubadour ou les Etrennes d'Erato* (p. 66), une pièce intitulée *le Vélocifère de l'Amour* :

> « L'Amour en léger postillon
> Conduit les Grâces à Cythère,
> Et des ailes de papillon
> Soutiennent son Vélocifère.
> Tandis que, l'air humilié,
> Un dieu qui ne va pas bien vite,
> L'Hymen, le pauvre Hymen à pied
> Marche tristement à sa suite. »

HOLCROFT (Thomas).
— Travels from Hamburg through Westphalia, Holland and the Netherlands. *London, Phillips*, 2 vol. in-4, XXXVI-468, XVII-542 p.

Voy. dans le tome II, le chapitre CXLVI : *Police ordinances, Different cabriolets, Inconvenient carts, Horse Shoëing*, etc.

LE JOURNAL DE POCHE nécessaire, surnommé l'indispensable à l'usage des deux sexes. Annuaire pour l'an XII de la République française. *Paris, A.-G. Debray*, in-16 carré.

On trouve, dans le *Journal de poche*, les ordonnances de l'an IX sur les carrosses de place et le salaire des cochers ainsi que sur les cabriolets. (Voy. *Les Almanachs français*, par John Grand-Carteret, p. 382.)

1805 (an XIII)

DÉCRET IMPÉRIAL concernant les Entrepreneurs de Diligences ou Messageries, qui voudraient employer des chevaux de poste. *Paris, imprimerie nationale*, in-8, 2 p.

Décret daté du palais de Milan, le 30 floréal an XIII.

LABOUISSE-ROCHEFORT (M. DE).
— Promenade à Longchamp.

Pièce composée en 1805 et publiée pour la première fois dans un volume intitulé *Voyage à Saint-Maur*. Elle occupe, dans ce recueil, publié en 1807 (*Paris, Delaunay*), les p. 45-80.

Une seconde édition de *la Promenade à Longchamp* a été publiée en 1831. (*Paris, Desauges*, in-8, 96 p.)

1808

DUCHESNE (D. M.).
— Dessins de voitures. *A Paris, rue du Vieux-Marché-d'Aguesseau, n°s 11 et 14, Faubourg Saint-Honoré.*

Suite de 20 planches, dont seize dessinées par Duchesne et gravées par G. Roques : I. Berline de ville. — II. Diligence de ville. — III. Calèche. — IV. Karick à Pompe. — V. Landeau à flèche et cou de cygne, et à siège à coffre à tonneau. — VI. Bastardelle à flèche et cou de cygne. — VII. Casse-Cou. — VIII. Bokéi. — IX. Calèche de chasse ou Calèche de Parc à parasol. — X. Coureuse. — XI. Char-à-bancs. — XII. Karick à brancards et à portières. — XIII. Karick Anglais. — XIV. Berline Anglaise. — XV. Diligence Anglaise. — XVI. Landeau Anglais.

Les quatre dernières planches, dessinées par Duchesne, sont également gravées par lui : XVII. Calèche Anglaise, attelée à deux chevaux. — XVIII. Diligence de ville à flèche et cou de cygne. — XIX. Dormeuse de voyage à flèche. — XX. Chaise de poste.

Duchesne est le célèbre carrossier que devait chanter, comme nous le verrons, Désaugiers :

> « Mon frère était pin,
> Moi, je suis sapin,
> Et fus fait par Duchesne. »

NOUGARET (P.-J.-B).
— Aventures parisiennes avant et depuis la Ré-

volution ; ouvrage qui contient tout ce qu'il y a de plus piquant relativement à Paris : Anecdotes, mœurs, travers, etc. *Paris, Maugeret fils, Duchesne, Capelle et Renand*, 3 vol. in-12, vi-324, 375 et 351 p.

Voy. dans le tome I, le chapitre XII : *Carrosses, Cabriolets, fiacres.*

Publié sous le pseudonyme de l'*Auteur de mille et une folies*. Nougaret, dès 1775, dans les *Astuces de Paris*, ouvrage anecdotique, réimprimé en 1799, avait consacré un chapitre aux *Ruses qu'emploient la plupart des fiacres et tromperies usitées à leur égard.*

THOMASSIN DE MONTBEL.
— La Diligence philosophique, ou le moraliste champenois. *Paris, Léopold Colin*, 2 vol. in-18.

1809

JOUHAUD (Pierre), avocat.
— Paris dans le dix-neuvième siècle, ou Réflexions d'un observateur, sur les nouvelles institutions, les embellissemens, l'esprit public, etc. *Paris, Dentu*, in-8, xii-587 p.

Voy. (p. 25) l'article consacré aux *voitures*.

1812

JOUY (Victor-Joseph-Etienne de).
— L'Hermite de la Chaussée d'Antin, ou Observations sur les mœurs et les usages français au commencement du XIXe siècle. *Paris, Pillet aîné*, 5 vol. in-12.

Voy. dans cet ouvrage, le n° LXI (juin 1812), *la Journée d'un fiacre*, reproduit dans les *Œuvres complètes* de l'auteur (T. II, p. 201-211), et le n° LXXIV (20 août 1812), *la Cour des Messageries*, qui se trouve dans les *Œuvres complètes* au T. II (p. 355-365).

MERCURE DE FRANCE, littéraire et politique.

La livraison de juin du *Mercure* contient une très curieuse *Chronique de Paris* consacrée aux voitures : « *Dorimont* jouissait de cinquante mille livres de rente en biens-fonds : il s'était d'abord contenté d'une bonne voiture avec deux paires de chevaux ; mais Mme Dorimont voulut un équipage pour elle..... Elle n'eut pas plus tôt une jolie voiture coupée, qu'elle fit sentir à son mari que rien n'était plus agréable pour la promenade qu'une calèche à quatre chevaux ; il acheta donc une calèche et quatre chevaux espagnols, deux bai-clair et deux gris-pommelés. Peu de temps après, ayant rencontré au *bois de Boulogne* une duchesse qui avait deux jockets en suite et deux en avant, elle tourmenta son mari pour trancher de la duchesse etc.... »

1813

ETALLEVILLE (M. D').
— La Diligence, poëme en quatre chants. *Paris, Latour*, in-18, 133 p.

Récit humoristique d'un voyage en diligence.

THÉAULON ET DARTOIS.
— Le Boghey renversé, ou un point de vue de Longchamps, croquis en vaudevilles en un acte et en prose. *Paris, Mme Masson*, 1813, in-8, 42 p.

1814

JOUY (Vict-Joseph Etienne de).
— Le Franc-Parleur, suite de l'Hermite de la

Chaussée-d'Antin. *Paris, Pillet,* 2 vol. in-16.

Voy. dans cet ouvrage, le n° XXVII (15 octobre 1814) *Un voyage en diligence,* reproduit dans les *Œuvres complètes* (T. IV ; p. 286-315). Curieux et plaisant récit d'un voyage en diligence de Paris à Tours.

LE VÉLOCIFÈRE DE LA GAITÉ, ou Chansonnier anti-mélancolique pour l'année 1814. *Montmartre, Pensier, imprimeur-libraire, Boivin, libraire,* in-18.

Les Vélocifères, nouvelles voitures, étaient alors fort à la mode et nombre de publications se plaçaient sous leur égide (Voy. les *Almanachs français* par John Grand Carteret, p. 440).

1815

ALMANACH DES MODES et Annuaire des modes réunis. Deuxième année. *A Paris, chez l'éditeur, rue Montmartre, 183,* in-16, 288 p.

Dans la seconde partie *(Manuel des gens du monde),* nous trouvons ces très intéressantes pages (102-113) consacrées aux écuries et aux voitures :

« *Écuries et Remises*

Les remises et les écuries sont deux parties bien négligées de nos maisons. Elles sont généralement bâties grossièrement, sales et mal tenues. Il serait bien à désirer que, pour la disposition intérieure des écuries, nous prissions pour modèles les Anglais, et que nos palefreniers allassent faire un cours de propreté chez eux. Il est vrai qu'en Angleterre, l'écurie est ordinairement la pièce la plus fréquentée de la maison ; que les maîtres passent une partie de leur temps à visiter leurs chevaux et à les voir panser, et que, par cette raison, la nécessité de rendre ce lieu habitable pour les hommes s'y fait plus sentir qu'en France. Chez nous, au contraire, un maître de maison sait à peine où sont situées ses écuries, jamais il n'y entre. Il a des chevaux pour s'en servir, et non pour en faire sa société, et l'objet de ses soins continuels. Il les abandonne entièrement à son cocher et à ses palefreniers, qui les gouvernent comme bon leur semble, c'est-à-dire la plupart du temps assez mal.

Les seules belles écuries qu'il y ait jamais eu en France sont celles du Raincy. C'était une des choses que l'on faisait admirer aux étrangers qui visitaient ce lieu de délices.

Voitures

UNE jolie femme, une femme à la mode doit avoir plusieurs voitures ; le bon ton ne veut pas qu'elle se montre tous les jours en public dans le même équipage. Il faut que la cour de sa maison ressemble à l'atelier d'un carrossier ; qu'on aperçoive, d'un côté, sous les remises, une Berline, plus loin un Coupé ; de l'autre côté, une Calèche, un Landau et une voiture de voyage, indépendamment des Cariks, des Bokays, des Guigues, des Phaëtons, etc., qui semblent appartenir à Monsieur, et destinés à son usage, mais dont Madame a trouvé le moyen de s'approprier la jouissance pendant toute la belle saison.

Il existe pour les voitures, comme pour beaucoup d'autres choses, une étiquette. La Berline, par exemple, est la voiture de cérémonie. C'est ordinairement dans cette voiture qu'on se rend à la cour et chez les personnes de distinction. Le Coupé, plus léger et plus élégant, est la voiture de coquetterie. Lorsqu'une femme est contente de son visage ou de sa toilette, et qu'elle veut se faire voir, elle demande son Coupé. Mais la voiture sans contredit la plus agréable, celle dans laquelle, nonchalamment et mollement assise, une femme est vue de la tête aux pieds, c'est la Calèche. Les dames ont pour cette voiture une prédilection particulière, mais malheureusement on ne peut se servir d'une Calèche en toutes saisons ; lors même que l'on croit pouvoir en faire usage sans inconvénient, il arrive quelquefois que l'on est surpris par la pluie, incommodé par une chaleur excessive ou par une poussière suffocante : n'importe, vivent les Calèches !

Le Landau, qui tient de la Berline et de la Calèche, est une voiture d'un genre bâtard passablement ridicule. Rien ne ressemble davantage à une voiture brisée et déchirée, lorsque l'impériale est partagée en deux, et que ces deux parties renversées tombent devant et derrière en soufflet. Ce genre de voiture fait fureur à Londres en ce moment. Espérons qu'à Paris nous saurons résister à ce mauvais goût.

Les caisses de voitures sont moins rondes qu'autrefois et plus élevées sur leurs ressorts ; les panneaux des portières sont aussi plus hauts. L'intérieur est doublé de drap blanc, bleu, bouton d'or, et quelquefois gris et entouré de galons de soie très-beaux. Il est garni et matelassé de manière à ce qu'on ne sente jamais la caisse. A l'extérieur, les caisses sont peintes en jonquille, gros bleu, vert d'eau et vert olive ; cette dernière couleur est la plus distinguée en ce moment. Les panneaux sont toujours unis. Ils ne reçoivent jamais d'autre ornement qu'un chiffre ou un écu armorié. Quelques carrossiers avaient essayé de ressusciter les anciennes galeries autour de l'impériale pour les voitures de cérémonie, mais cette tentative n'a point réussi : on a trouvé que cette galerie leur donnait un air gothique.

En principe, le train est toujours d'une couleur différente de celle de la caisse.

Les sièges des cochers varient de forme. Quelle que soit celle qu'on adopte, ils doivent être élégamment décorés. En hiver on remplace la housse de drap par une housse de peau d'ours à quatre griffes d'argent.

Les Cabriolets, les Guigues, les Caricks, les Bokays, les Phaëtons, etc., sont des équipages légers et lestes comme ceux qui les conduisent. Il faut que la mode soit un tyran bien despote pour avoir mis en vogue des équipages si fragiles, qu'un homme raisonnable n'y monte jamais sans réfléchir qu'il touche peut-être à sa dernière heure. Le moindre choc les brise, les culbute ; le plus léger cahot vous fait sauter à dix pieds en dehors : on serait tenté de croire que l'imprudence et la témérité ont aussi leurs dieux, quand on songe que les accidents qui arrivent avec ces chars délicieux sont encore assez rares.

Les Cabriolets, les Guigues, les Caricks, etc., sont, comme les carrosses, doublés de drap. On en a vu quelques-uns doublés en drap rouge, amaranthe, cerise et vert très-clair, mais en petit nombre. La couleur bleue est la plus généralement adoptée.

Les Anglomanes, les gens qui ne savent admirer que ce qui se fait sur les bords de la Tamise, nous vantaient singulièrement les voitures anglaises. Depuis plusieurs mois nous en voyons beaucoup à Paris. Nous avons pu les comparer aux nôtres, et juger si en effet elles leur sont supérieures, ainsi qu'ils le prétendaient. Examen impartial fait, il demeure constant que les voitures de Bruxelles et de Paris, fabriquées chez les premiers carrossiers, réunissent toutes les qualités des voitures anglaises, beauté, bonté, solidité et légèreté. La forme des caisses est la même ; peut-être même donnerais-je la préférence aux nôtres, comme étant plus généralement élégantes. Leurs trains réunissent aussi à la solidité et à une exécution soignée la légèreté et la délicatesse. La seule différence notable qui soit à l'avantage des voitures anglaises est dans le vernis. Le vernis anglais est bien supérieur au nôtre pour l'éclat et la durée ; mais c'est notre faute : pourquoi avons-nous été assez négligens pour laisser perdre le secret du vernis de M. Martin, mort il y a environ trente ans ? Beaucoup de personnes se rappellent encore la réputation dont jouissait ce vernis, et savent qu'un carrosse n'était estimé qu'autant qu'il avait été verni par Martin.

Ce qui concourt peut-être à faire croire que les voitures anglaises sont supérieures à celles de Paris et de Bruxelles, faites dans les premiers ateliers, c'est que le nombre des voitures anglaises bien faites et bien soignées est beaucoup plus considérable que celui des voitures françaises.

Une chose remarquable dans les voitures de nos voisins c'est le petit cabriolet accroché au dossier de la caisse, et destiné à recevoir deux domestiques. Cette invention doit charger beaucoup une voiture. Dans tous les cas, elle frappe désagréablement la vue.

Les voitures sont aujourd'hui l'objet d'une grande dépense. Il y en a depuis 10,000 fr. jusqu'à 25 et 30,000. Il est sûr que, pour le prix d'une voiture ordinaire, on aurait, dans certains départemens, une propriété assez considérable pour faire subsister une famille entière.

La sellerie est maintenant une partie de nos équipages également soignée et perfectionnée. Elle peut soutenir la comparaison avec celle des Anglais.

Avis.

Nous ne terminerons pas cet article sans signaler aux personnes qui ont des voitures un abus indigne que commettent la plupart de leurs cochers, et qui va toujours en augmentant. Pendant que les maîtres sont au spectacle ou au bal, beaucoup de ces Messieurs disposent effrontément de la voiture et des chevaux qui leur sont confiés, transforment les équipages en fiacres et font des courses à leur profit dans Paris. Nous avons vu, de nos yeux vu des voitures très-élégantes, même armoriées, ainsi métamorphosées en voitures de place. Ces cochers ont toujours soin d'avoir un complice. C'est ordinairement un commissionnaire qu'ils intéressent à ce trafic, et qui, au lieu de faire avancer une voiture de louage lorsqu'on l'en charge, ne manque pas de faire avancer un des cochers avec lequel il est d'intelligence.

Si, dans l'intervalle, les maîtres ont voulu sortir et se plaignent d'avoir été forcés d'attendre leur voiture, l'impudent cocher ne manque de s'excuser en disant qu'il n'a point entendu appeler, ou qu'il stationnait fort loin, ou qu'il a trouvé les rues embarrassées.

Le plus grand inconvénient qui résulte de cet abus n'est pas tant pour les voitures que pour les chevaux, qui sont ruinés par les courses rapides qu'on les oblige de faire.

C'est particulièrement au théâtre Français et au théâtre Feydeau que cet abus se commet le plus fréquemment, parce que les différentes sorties le favorisent davantage que partout ailleurs. »

M. S. (Benjamin Rotch).
— Letters from France, written by a modern tourist in that country and descriptive of some of the most amusing manners and customs of the French. *Londres, T. Sotheran*, in-8, iv-43 p.

Illustré de dix gravures coloriées, parmi lesquelles il faut indiquer :
Nos III : Une Diligence française ;
    IV : Un courrier français ;
    VIII : Un Pot de chambre ;
    IX : Un postillon français.
Le texte joint à ces gravures est souvent intéressant particulièrement celui qui accompagne la charmante planche *le Pot de chambre* :

« J'ai dit hier à mon valet de place que je désirais faire une excursion à Versailles. Il m'informa que le meilleur moyen de m'y rendre était de monter dans un de ces *pots de chambre*, dont une station se trouvait sous les murs du jardin des Tuileries. La proposition était alarmante pour l'oreille, mais, déterminé à m'en rapporter à mon œil, je me rendis au *pots de chambre stand* et je trouvai que le véhicule était une sorte de lourd *tax-cart* sur deux roues, traîné par un cheval fantôme, et que l'on ne chargeait que de six personnes à l'intérieur, et, à l'extérieur, de paniers, de sacs, de chiens et de balais .... Un cocher me demanda de me réunir à quatre personnes, n'en attendant plus que deux pour partir. Une grosse dame et sa fille avaient déjà pris leurs places. Je montai avec mon valet et nous fûmes suivis par un officier de hussards et une fille effrontée de vingt-deux ans...... Nous mîmes deux heures et demie à faire neuf miles et, arrivés à Versailles, nous eûmes à payer trente sous par place. » (p. 27-28).

Une réimpression fac-similé de cette curieuse brochure a été faite à *Londres*, en 1893, par les soins de *Henry Sotheran*, fils du premier éditeur.

MEMORANDUMS of a residence in France in the winter of 1815, including remarks on french manners and society. *London, Longman,* in-8, x-104 p.

Voy. le chapitre III. *Cabriolets.*

1816

THE NARRATIVE of Jean Hornn, military coachman to Napoleon Bonaparte, containing his recollections of that memorable character, during the ten years in which he was on his personal service. *London, published at the London Museum,* in-12, iv-68 p.

Illustré d'une planche représentant la voiture impériale dans les Landes, escortée par des paysans montés sur des échasses.

Ce petit livret fut mis en vente à l'occasion de l'exposition, à l'Egyptian Hall (Piccadilly) de la voiture impériale prise à Waterloo. Jean Hornn se tenait près de la voiture.

Voy. les *Souvenirs de Jean Hornn, cocher de Napoléon,* article publié par le comte G. de Contades dans l'*Intermédiaire des chercheurs et des curieux* (n° du 10 septembre 1894).

Le *Mémorial de Sainte-Hélène* parle d'un autre cocher de Napoléon, César, qui conduisait la voiture du Premier Consul le jour de l'explosion de la machine infernale, et à qui, en raison de l'habileté et de la dextérité qu'il avait témoignées au moment de l'attentat, trois ou quatre cents cochers de fiacres offrirent un banquet.

Dans les *Napoleon Rooms* de l'établissement de Mme Tussaud, à Baker street, l'on voit encore la voiture de Waterloo. Deux autres des voitures impériales y sont encore exposées ; le *State carriage,* qui aurait servi à Milan le jour du couronnement de Napoléon comme roi d'Italie, et la calèche dans laquelle il sortait habituellement à Sainte-Hélène. Voy. *Madame Tussaud's Exhibition Catalogue* (1897) p. 56 et suivantes.

1817

BAZIN (Rigomer).
— La Diligence, ou Pierre en voyage. *Le Mans*, 1817, in-8.

Publié sans nom d'auteur. Pierre était le pseudonyme du pamphlétaire manceau.

1818

DIEULAFOI et Gersin.
— Brouette à vendre, ou le Cadeau de l'avare, comédie en 1 acte, mêlée de vaudevilles. *Paris, Barba*, in-18, 35 p.

Représentée sur le théâtre du Vaudeville, le 7 mars 1818.

1819

D'H.... (M. le chevalier), ancien élève du Manège Royal des Tuileries.
— De l'Aurigie, ou Méthode pour choisir, dresser et conduire les chevaux de carrosse, de cabriolet et de chaise ; suivie d'un Nobiliaire équestre, ou Notice sur les races précieuses de chevaux étrangers, leurs extérieur, qualités, tempérament, régime, et sur les divers soins qu'ils reçoivent. *Paris, Dondey-Dupré*, 1819, in-8, XII-407 p.

La couverture porte un titre différent : *L'Art de choisir, dresser et conduire les chevaux, suivi d'un nobiliaire équestre* etc.

Par le chevalier d'Hozier, d'après de Manne. Cette attribution a été reproduite dans la 2ᵐᵉ édition des *Supercheries littéraires* (T. II, p. 232). Quérard, dans ses *Retouches au Dictionnaire des Anonymes de M. de Manne,* la déclare fautive et donne pour nom d'auteur le chevalier d'Hémars. Nous avons, en effet, vainement cherché dans la *Notice sur la famille d'Hozier,* par Édouard de Barthélemy, un membre de cette maison ayant porté le titre de chevalier et à qui cet ouvrage puisse être attribué.

REVUE DE LONGCHAMPS, ou Aventures singulières entre un Français et un Anglais ; avec le détail de tout ce qui s'est passé à Longchamps pendant ces trois jours. *Paris, Brasseur,* in-8, 3 p.

1819-1820

DEFAUCONPRET (A.-J.-B.)
— L'Hermite de Londres, ou Observations sur les mœurs et usages des Anglais au commencement du XIXᵉ siècle. *Paris, Pellet aîné,* 3 vol. in-12.

Traduit de l'anglais de Thomas Skinner Surr.
Voy. T. II (p. 26-36), l'article intitulé *La Femme cocher,* et (p. 73-81) celui ayant pour titre : *Une Diligence.*

1819-1826

LE NORMAND et de Moléon.
— Annales de l'industrie nationale et étrangère, ou Mercure technologique. *Paris,* 28 vol. in-8, avec planches.

L'on rencontre, dans la collection des *Annales,* un certain nombre d'articles concernant les voitures tels qu'une *Description d'un mécanisme pour enrayer subitement les roues de voitures et dételer les chevaux* (T. V, p. 64-78), etc., etc.

1820

DUPATY.

— Les Voitures versées, opéra-comique en deux actes. *Paris, Barba,* in-8, 24 p.

Représenté à Paris, le 26 avril 1820, sur le théâtre de l'Opéra-Comique. Musique de Boieldieu, qui avait composé et fait jouer cet opéra, l'un de ses plus célèbres, pendant son séjour en Russie. La pièce est l'adaptation d'un vaudeville de Dupaty, *Le Séducteur en voyage,* représenté en 1807.

VÉLOCIFÈRE (M.), grand amateur de messageries.

— L'Amour au grand trot ou la Gaudriole en diligence, manuel portatif et guide très-précieux pour les voyageurs, offrant une série de voyages galants en France et à l'étranger, ainsi qu'une foule de révélations piquantes de tous les larcins d'amour, bonnes fortunes, espiègleries, aventures extraordinaires dont les voitures publiques sont si souvent le théâtre. *Paris, veuve Lepetit,* in-18.

Vélocifère est le pseudonyme de J.-P.-R. Cuisin.

1820-1824

DUPIN (le baron CHARLES), membre de l'Académie des Sciences.

— Voyages dans la Grande-Bretagne entrepris relativement aux services publics de la guerre, de la marine et des ponts et chaussées, de 1816 à 1821. *Paris, Bachelier,* 6 vol. in-4, avec 3 atlas in-folio.

Voy. dans la troisième partie, la seconde section, dans laquelle l'auteur traite des routes.

1821

CLAVELIN (G.).
— Petites Etrennes récréatives de la mode. *Paris, Delaunay,* in-12 avec gravures.

Articles sur la toilette, les ornements de tête, bijoux, dentelles, chaussures, *voitures de luxe*, danse, etc.

1822

LALOUE (Ferdinand), Mégissier et Ernest.
— La Diligence attaquée, ou l'Auberge des Cévennes, drame en trois actes. *Paris, Quoy,* in-8, 40 p.

Représenté sur le théâtre du Cirque-Olympique, le 15 novembre 1822.

LOUIS (Eugène).
— Recueil de voitures françaises lithographiées. *Paris, Delaporte, quai Voltaire.*

M.....
— Le Petit Diable boiteux, ou le Guide anecdotique des étrangers à Paris. *Paris, C. Painparré,* in-12, xii-212 p.

Voy. Chapitre III. *Longchamps.*

ROCHEFORT, Brisset et Mesnard.
— Le Départ d'une diligence, tableau épisodique en un acte, mêlé de vaudevilles. *Paris, Martinet,* in-8, 20 p.

Représenté sur le théâtre du Vaudeville, le 22 décembre 1821.

1823

LALOUE (Ferdinand), Villain, Saint-Hilaire et Ménissier.
— Le Roulier, mélodrame en 3 actes. *Paris, Bezon*, in-8.

1824

CORDIER (Jos.), inspecteur divisionnaire des ponts et chaussées.
— Essai sur la construction des routes, des ponts suspendus, des barrages de rivières, etc.; extrait de divers ouvrages anglais. *Lille, imp. Reboux-Leroy*, in-8.

Avec un atlas in-fol. de 22 planches dont 4 doubles.

1825

ALDIGUIER (J.-B-Auguste d').
— Le Flâneur, ou Mon voyage à Paris, mes aventures dans cette capitale et détails exacts de ce que j'y ai remarqué de curieux et de nécessaire à connaître. *Paris, chez les marchands de nouveautés*, in-12, 334 p.

Publié sous le pseudonyme, *un amateur de la grande ville*. Voy. les chapitres : *Voitures, les laquais, chasseurs,* etc.

ALMANACH indicatif des voitures des environs de Paris, partant à heures fixes, dans un rayon de vingt lieues. Avec les heures de départ, le prix des places, etc. *Paris, rue Villedot, n° 13, boulevard Saint-Martin, n° 4*, etc., in-18. Prix, 1 fr.

Publication continuée sous le titre suivant :

Annuaire des Voitures des environs de Paris, partant à heures fixes, etc. *Paris, Mongie, Dentu*, 1827, in-18.

(Voy. les *Almanachs français*, par John Grand Carteret, p. 500.)

ANTIER (B.), Comberousse, Najeon.
— Le Cocher de fiacre, mélodrame en 3 actes. *Paris, Pollet*, in-8, 75 p.

Représenté sur le théâtre de l'Ambigu-Comique, le 25 août 1825.

DUMERSAN, Gabriel et Brazier.
— Les Cochers, tableau grivois mêlé de vaudevilles, en un acte. *Paris, Barba*, in-8, 34 p.

Représenté sur le théâtre des Variétés, le 10 octobre 1825. Une seconde édition est publiée la même année.

Piquant tableau de mœurs, dans lequel sont rassemblés, le cocher bourgeois, le cocher de fiacre, le cocher de coucou, le cocher de cabriolet et le cocher anglais. La ronde des cochers, chantée par Melle Flore, devint très rapidement populaire.

MONTIGNY (Louis) et SAINT-AMAND (Amand La Coste).
— La Chaise de Poste, mélodrame en deux actes en prose. *Paris, au Théâtre du Cirque*, in-8, 44 p.

Représenté sur le théâtre du Cirque-Olympique, le 13 mars 1825.

ROCHETTE (Raoul).
— Le Cocher, comédie de Ménandre, fragment traduit en prose du grec.

Imprimé dans le tome XVI du *Théâtre des Grecs,* par le P. Brumoy (p. 64-65), publié à *Paris, chez Mme Ve Cussat.*

1826

JOUSLIN DE LA SALLE, A. Lefer et Crosnier.
— Le Coche d'Auxerre, ou l'Artiste en voyage, vaudeville en un acte.

Représenté sur le théâtre de la Porte-Saint-Martin, le 28 décembre 1826. Ce vaudeville n'a pas été imprimé.

FRANCIS Théaulon et Dartois.
— Les Inconvéniens de la diligence, ou Monsieur Bonaventure, six tableaux-vaudeville dans le même cadre. *Paris, Barbe, Hautecœur-Martinet,* in-8, 42 p.

Vaudeville représenté pour la première fois, à Paris, sur le théâtre des Variétés, le 11 novembre 1826. Une seconde édition, corrigée et conforme à la représentation, est publiée en 1828.
Francis était le pseudonyme du baron d'Allarde.

LES OMNIBUS, premier voyage de Cadet Lablague de la Madeleine à la Bastille et retour. *Paris, Chassaignon,* in-8, 35 p.

Récit en prose, précédé de cinq couplets, tableau humoristique des inconvénients et des avantages des nouvelles voitures dites *Omnibus.*

PLAN du promeneur dans Paris, indiquant les directions des nouvelles voitures dites *Omnibus,* suivi d'une table alphabétique des rues, places, etc. *Paris, Leroy*, in-16, 16 p.

RICARD (Auguste).
— Le Cocher de fiacre, ou quarante-cinq ans sur le pavé de Paris. Roman de mœurs. *Paris, Lecomte et chez Pigoreau*, 4 vol. in-12.

LE TRIOMPHE des Omnibus, poëme héroï-comique. *Paris, Dupont*, in-8, 20 p.

1827

DÉSAUGIERS (Marc-Antoine).
— Histoire d'un fiacre, écrite par lui-même.

Fantaisie célèbre, publiée dans le T. IV des *Chansons et Poésies diverses* (Édit. de 1834, p. 196-208). Elle y est donnée comme la première des *chansons faites en société*. Désaugiers avait Brazier pour collaborateur dans cette *histoire* humoristique que nous transcrivons ici :

> Ne craignez pas que je jure ni sacre,
> En vous disant ma vie et mes malheurs :
> Je sais qu'on doit du respect aux lecteurs ;
> Mais excusez si j'écris comme un fiacre.

—

> Je vais vous faire ici ma gé-
> néalogie entière :
> De quatorze ans je suis âgé,
> Et mon très cher grand-père
> Fut un peuplier,
> Mon père un noyer,
> Mon grand-cousin un chêne,
> Mon frère était pin,
> Moi, je suis sapin,
> Et fus fait par Duchesne.

—

> Vendu pour l'hymen solennel
> D'un duc avec une comtesse,
> En grande étiquette à l'autel
> Je conduisis leur double altesse.

L'un baillait, l'autre soupirait ;
Moi, m'amusant des plaisirs qu'offre
Un mariage d'intérêt,
Tout bas, je riais comme un coffre.

———

Mais, le lendemain de sa noce,
Aux Iles nommé gouverneur,
Mon maître vendit son carrosse
A certain riche fournisseur,
Je le crus natif d'Angleterre,
A son pas lourd, son air épais,
Et plus encore, à la manière
Dont il écorchait le français.

———

C'était toujours même course ;
Je roulais Monsieur Mondor
Des Finances à la Bourse,
Et de la Bourse au Trésor ;
Du Trésor chez sa Clarisse,
Où, plein d'amour et de vin,
Mon cher maître avec délice,
Ronflait jusqu'au lendemain.

———

Mais comme il allait trop grand train,
Une ornière, sur son passage,
Fit trébucher, un beau matin,
L'homme, l'argent et l'équipage.
Ne pouvant pas aller plus loin,
Monsieur Mondor changea de notes,
Et finit par manger le foin
Qu'il avait mis dans ses bottes.

———

Je promenai bientôt le diadème
D'une *princesse* au théâtre en renom.
    Quant au nom du patron,
    C'est encore un problème,
    Celui que j'emmenais
    Et que je ramenais,
      Jamais, jamais,
    Jamais n'était le même.

———

    Un jour, une saisie
      Par corps
    Vient punir d'Aspasie
      Les torts,

Les huissiers n'ont aucune
    Pitié :
Et voilà *Rodogune*
    A pié !

———

Tombant alors au pouvoir
D'un loueur de voitures,
Qui par état doit savoir
Rajeunir les tournures,
Je repris en moins d'un jour
    Une apparence neuve,
Et soudain fus retenu pour
    Les noces d'une veuve.

———

Que je voyais de visages
Dans cette condition !
Que de petits personnages
A grande prétention !
Je conduisais chez un cuistre
Un artiste renommé ;
Je menais chez le ministre
Un sous-préfet réformé,

———

Je roulais, d'un pas agile,
Une *Iris* à *l'Arc-en-Ciel* ;
Je menais un imbécile
Au concert *spirituel* ;
Je promenais, sans sa femme,
Un époux à Chantilly,
Et le lendemain la dame
A Gros-Bois, sans son mari.
Je conduisais en nourrice
Un enfant escamoté ;
Aux *Vertus* plus d'une actrice,
Un mylord à la *Gaité*.

———

De toujours rouler mon corps
A la fin pourtant je me lasse,
    Et voudrais (mais vains efforts !)
Demeurer quelque temps en place.
    Pour ne plus me voir rouer,
    Trimballer et secouer,
A quel saint dois-je me vouer ?
    Dans l'ennui qui m'obsède,
Invoquons *saint Fiacre* à notre aide.

D'une voix presque épuisée
A peine ai-je dit ces mots,
Que sur ma carcasse usée
J'aperçois des numéros.
Et jusqu'au bout de la ville,
Transportant mon corps débile,
Saint Fiacre, du haut du ciel,
Me met à la file, file, file,
 Sur la place *Saint-Michel*.

—

Ah ! que les fiacres sont heureux !
Le vrai bonheur n'est que pour eux.
Un temps sec, un ciel sans nuage
Reposaient mes ressorts usés :
Je riais d'être sans ouvrage,
Et, je chantais les bras croisés :
Ah, que les fiacres sont heureux !
Le vrai bonheur n'est que pour eux.

—

Mais tout à coup, adieu, douces chimères !
L'eau par torrents, sans pitié, fond sur nous ;
 Les ruisseaux sont des rivières :
 Les passans dans mes confrères
  Se jettent tous,
 Et sans dessus dessous ;
 Et moi plein comme un œuf,
  Gagnant au large
  Avec ma charge,
  J'en roule neuf
 Jusqu'au bas du Pont-Neuf.

—

Je crevais sous le fardeau
D'un grand-père et d'une mère,
D'une sœur, d'un petit frère,
Et d'un enfant au berceau ;
D'un parrain, d'une marraine,
D'une bonne et d'une chienne,
Qui tous, chantant leur antienne,
Faisaient un sabbat d'enfer......
C'est en vain que le fouet claque,
Je me détraque et je craque ;
Un *sapin* n'est pas de *fer*.

—

Me voilà, sans connaissance,
Étendu..... quel triste sort !
Sans doute, à ma défaillance,
On a cru que j'étais mort.
Car, en sortant des ténèbres
Qui menaçaient mon destin,
Ce fut aux pompes funèbres
Que je me vis le matin,
    R'lintintin, r'lintintin,
Dans le faubourg Saint-Martin.

—

Je commençais à m'effrayer
De cet étrange domicile,
Quand l'autre jour, pour m'égayer,
Un badigeonneur de la ville,
Armé d'un pinceau, vint me voir,
Et me changea du blanc au noir.

—

Hier, pour ma première sortie,
Je suivis un de nos banquiers,
Et dans ma caisse rétablie,
J'avais ses plus chers héritiers.
Aux regrets bien loin d'être en proie,
De rire ils paraissaient en train....
Mais, puisque l'on pleure de joie,
Ils pouvaient rire de chagrin.

—

Remplis des châteaux en Espagne
Qu'ils bâtissaient dans l'avenir,
Ils arrivent à la montagne,
Où tôt ou tard on doit finir.
Et, tout à la philosophie,
Moi, je me disais en montant :
C'est donc ainsi que l'on descend
    Le fleuve de la vie.

—

Hélas ! depuis mon premier maître,
Que de culbutes tour à tour !
Il ne me manque plus que d'être
Ou fourgon, ou charrette un jour.
        Par mes dorures,
        Par mes peintures,
        J'éblouissais
    Ceux que j'éclaboussais.

Grandeur passée !
Gloire éclipsée !
Quantùm ego
Mutatus ab illo !
Mais du temps qui toujours s'écoule,
Rien ne peut arrêter l'essor ;
Tant bien que mal je roule encor,
Et toujours va qui roule !

—

ESSAI sur la construction des routes et des voitures, par Richard Lovell Edgeworth, traduit de l'anglais sur la deuxième édition, et augmenté d'une notice sur le systême Mac-Adam. Ouvrage utile aux propriétaires de campagne, aux maires des communes rurales, aux membres des conseils généraux et d'arrondissement, aux préfets et sous-préfets, aux entrepreneurs de roulage et de messageries, aux carrossiers, charrons et autres artistes, suivi de considérations sur les voies publiques de France, ainsi que sur les moyens les plus économiques et les plus prompts d'en compléter le développement et d'en perfectionner le systême. *Paris, Anselin et Pochard*, in-8, XLIV-477 p., plus 3 tableaux et 9 planches.

Publié sans nom d'auteur, par Bailliet, maître des requêtes.

1828

DUPATY (Charles-Désiré), Fréd. de Courcy et Lassagne.

— Les Omnibus, ou la Revue en voiture, vaudeville en un acte et quatre tableaux. *Paris, Bezon*, in-8, 24 p.

Représenté sur le théâtre du Vaudeville, le 23 mai 1828. Dans un rondeau sur l'air de *La Galopade*, le Juif errant (sous les traits de Chodruc-Duclos, *l'homme à la longue barbe*) y parlait des chemins de fer dont le premier, entre Saint-Étienne et Andrezieux, venait d'être ouvert.

NOUVEAUX TABLEAUX de Paris, ou Observations sur les mœurs et usages des Parisiens au commencement du XIXe siècle. *Paris, Pillet aîné*, 2 vol. in-12, 342, 356 p.

Ouvrage dû à la collaboration de C. de Beauregard, Vulpian et Wallez.

Voy. les chapitres IX, *Fiacres-Cabriolets* ; XXXIV, *Mémoires d'un cocher de fiacre*.

PATTU (J.-P.-G.), ingénieur en chef du Calvados.

— Observations sur le mouvement des voitures, sur les inconvéniens des roues à larges jantes et sur les avantages des chariots. *Caen, P. Poisson*, in-8, 20 p.

Extrait des *Mémoires de la Société royale d'agriculture et de commerce de Caen*.

1829

ALMANACH des Omnibus, des Dames blanches et autres voitures nouvellement établies ; contenant l'itinéraire de toutes les directions que parcourent ces nouvelles voitures. — Tarif et règlement de jour et de nuit pour les fiacres et cabriolets. — Indication des Bureaux de voitures pour les environs. — Messageries royales. — Entreprise Lafitte et Caillard et autres pour la France et l'étranger. — Origine des monuments etc. *Paris, Le Normant fils*, in-18.

Au verso du titre, gravure sur bois représentant un « omnibus » et une « dame blanche ».

Ce petit livre eut quinze éditions en 1829, fut réimprimé en 1830, sous le titre suivant : *Panorama parisien ou nouveau guide des étrangers aux monuments publics*, et mis en vente chez le même éditeur.

(Voy. *Les Almanachs français*, par John Grand Carteret, p. 514).

ANICET-BOURGEOIS, et Arago et Ménissier.
— Le Coucou et le Cabriolet, mimodrame en 1 acte et en prose. Représenté sur le théâtre du Cirque.

Ce mimodrame n'a pas été imprimé.

BALZAC (Honoré).
— Le Dernier Chouan ou la Bretagne en 1800. *Paris, Urbain Canel*, 4 vol. in-12, XXIII-192, 224, 243, 231.

Première édition du célèbre roman *les Chouans*, dans lequel se trouve (T. I, chapitre V, p. 121) la curieuse description de *la Turgotine* provinciale :

« Rien ne peint mieux un pays que l'état de son matériel social ; et, sous ce rapport, cette voiture mérite une mention honorable ......

« Lorsque M. Turgot remboursa le privilège qu'une compagnie obtint, sous Louis XIV, de transporter exclusivement les voyageurs par tout le royaume et qu'il institua les entreprises nommées alors *les Turgotines*, les vieux carrosses de MM. de Vouges, Chanteclaire et veuve Lacombe refluèrent dans les provinces. C'était une de ces mauvaises voitures qui établissait la communication entre Rennes et Fougères. Quelques entêtés l'avaient jadis, nommée par antiphrase, *la Turgotine*, pour singer Paris, ou en haine d'un ministre qui tentait des innovations.

« Cette Turgotine était un méchant cabriolet à deux

roues très hautes, au fond duquel deux personnes un peu grosses auraient eu quelque difficulté à tenir. L'exiguité de cette machine prohibant tout bagage un peu lourd, et le coffre qui en formait le siège étant exclusivement réservé au service de la poste, si les voyageurs avaient quelque attirail, ils étaient obligés de le garder entre les jambes déjà torturées par le peu d'ampleur de la caisse.

« Cette petite caisse ressemblait pas mal à un triangle couché sur son sommet. Sa couleur primitive et celle des roues fournissaient une éternelle énigme aux voyageurs : deux rideaux de cuir, difficiles à manier et accusant de longs services, devaient protéger les patients contre le froid et la pluie. Le conducteur, assis sur une banquette semblable à celle des plus mauvais coucous parisiens, participait forcément à la conversation, par la manière dont il était placé entre ses victimes bipèdes et quadrupèdes. »

Grandsire, dans *Vingt jours de route* (Voy. ci-dessous), parle ainsi des premières *Turgotines*, de celles de Paris :

« Elles ne contenaient d'abord que six personnes dans l'intérieur, on parvint depuis à les agrandir, en construisant sur le devant, un banc où siégeaient trois personnes ; mais ces nouvelles places n'étaient défendues que par un cuir grossier qui ne mettait à l'abri ni du soleil, ni de la poussière. »

BRAZIER, Dumersan, Gabriel.
— Les Rouliers, ou la route de Bruxelles, vaudeville en 1 acte. *Paris, Stahl*, in-8, 32 p.

COTIGNAC (V.-L. DE).
— Les Dames blanches, ou le tribut de la scène et des beaux-arts. *Paris, Le Roi*, in-16, 63 p.

Amusant petit volume consacré aux voitures omnibus *les Dames blanches* et aux peintures qui les décorent. Nous trouvons, dans les *Chansons* de Saint-Gilles (T. I, p. 97), une pièce consacrée aux *Dames blanches.*

JOURNAL DES HARAS, des Chasses et des Courses de chevaux, recueil périodique. *Paris, au bureau du journal, rue Sainte-Anne, 73*, publication mensuelle, in-8, 32 p.

Le *Journal des Haras*, qui a tant de fois changé de direction et de format, fut présenté à son origine comme devant traiter les questions de *Carrosserie et de Sellerie*. Il contient même des articles sous cette rubrique dans le premier volume (p. 21, 56, 189, 380). Nous avons noté, dans la collection du *Journal des Haras* (72 vol.), les articles et les illustrations qui suivent :

T. I : (2ᵉ liv.) Calèche-Brittschka, par Thomas Baptiste.
    (4ᵉ liv.) Stanhope.
    (6ᵉ liv.) Caroline, voiture inversable.
    (11ᵉ liv.) Phaëton, par Binder.
T. II : (1ʳᵉ liv.) Voiture à vapeur.
    (2ᵉ liv.) Tricicle, par Robert.
    (5ᵉ liv.) Diligence de ville, par Thomas Baptiste.
    (7ᵉ liv.) Voiture de chasse, par Audy jeune.
    (9ᵉ liv.) Berline de ville, par Lasserre.
    (11ᵉ liv.) Calèche de ville, par Audy jeune.
    (20ᵉ liv.) Traîneau de M. le comte d'Orsay (1).
T. III : (15 mai) Calèche coupé, faite pour M. le Prince de la Moskowa, par Audy jeune.
    (1ᵉʳ juin) Voiture de ville de S. A. R. Monseigneur le Duc de Bordeaux.
    (15 juillet) Cabriolet, par Thomas Baptiste.
    (15 août) Calèche à ressorts à double effet et à roues à balanciers et sans essieux, par Laimgnuber.
    (15 sept.) Stanhope anglais.
T. IV : (1ᵉʳ nov.) Cabriolet, par Thomas Baptiste.
T. V : (1ᵉʳ août) Stanhope, par Vieil fils.
T. VI : (1ᵉʳ décembre) Chariot anglais.
T. XI (juillet) Stanhope des ateliers de Herler.
T. XVII : (p. 281) Omnia.
T. XVIII : (2 nov.) Voiture de chasse à M. de Lagrange.

(1) Nous donnons ici la reproduction de cette planche.

2.º Année, N.º 20. *Journal des Haras, des Chasses, et des Courses de Chevaux.*

Traineau de Monsieur le Comte d'Orsay.

T. XX : (p. 74) Voiture d'une nouvelle invention — nouvelle voiture à six roues.

T. XXI : (septembre) Caravan, ou voiture pour transporter les chevaux de courses.
Voy. le texte (p. 209).

T. XXVI : (janvier) Petite voiture nouvelle des ateliers de Gettuy.
(mars) Voiture nouvelle de Langeville.

T. XXVII : (avril) Essieux triangulaires.
(juin) Stage-coach, voiture de voyage, diligence anglaise de M. de La Tour du Pin-Chambly.

T. XXX : (juillet) Courrier russe du gouvernement.

T. XXXV : (avril) Le Tribus, nouveau cabriolet patent, inventé à Londres.
Voy. le texte (p. 308).

T. XXXVI : (mai) Le Tribus vu de côté.
(juillet) Attelage extraordinaire, essayé en Angleterre à la suite d'un pari.
Voy. le texte (p. 244).

T. XXXVIII : (mai) Voyage en traîneau. Diligence anglaise.

T. XXXIX : (septembre) Jaunting-Car, diligence irlandaise en route.
Voy. aux *Variétés : les Diligences en Irlande* (p. 232-236).

T. XL : (janvier) Droshky Russe, cadeau de l'empereur au prince Albert.

T. XLI : Considérations sur le tirage des voitures et sur l'emploi des forces du cheval (p. 257-70, 429-37), traduit de l'anglais par M. de M., professeur au Haras du Pin.

T. XLV : Considérations etc. (p. 21-37, 282-296).

T. LII : (mars) Handsom's patent cab, système anglais.

LA MODE, Revue des modes, galerie de mœurs, album des salons, *Paris, rue du Helder*, publication mensuelle, in-8.

La Mode, avant de devenir une feuille politique, comprenait les équipages dans sa revue de la vie élégante. Nous trouvons en effet, dans les premiers volumes :

T. I : (13 liv.). Berline pour S. A. Mgr. le duc de Bordeaux, par Thomas Baptiste.

T. II : (p. 88). Des divers équipages et voitures en Russie, illustré de la planche XX (traîneau nouveau).

(pl. XXIII). Nouvelle voiture, par Thomas Baptiste.

(pl. XXVII). Landau-calèche, composé par Thomas Baptiste.

(pl. XXVIII). Stanhope, par le même, pour Longchamps.

T. III : (planche LV). Toilette de promenade en voiture découverte.

(pl. LVI). Livrée. Habit de chasseur. Nouvelle tenue de tigre.

(pl. LIX). Breack, fourgon fashionable pour essayer et promener les chevaux (par V. Adam).

T. IV : (pl. LXII). Voitures. Phaëton-calèche.

(pl. LXIII). Bristchka.

T. V : (pl. CVII). Coupé à deux fins, des ateliers de Thomas Baptiste.

(pl. CVIII). Modèle de cabriolet.

T. VI : (pl. CXXXIV). Voitures nouvelles pour Longchamp.

(pl. CXXXV). Wroust.

(pl. CXXXVI). Calèche.

La Mode qui, sous la monarchie de Juillet, donne hâtivement un article consacré aux *Modes de saison* pour s'occuper très longuement de politique, semble cesser, à partir de ce moment, de s'intéresser à la vie élégante, en ce qui concerne les équipages. Elle n'en parle plus qu'en des pages de pamphlet, souvent d'ailleurs spirituelles, telles que la *Pétition des cochers de fiacre, cabriolet, omnibus et tous autres industriels à Sa Majesté Louis-Philippe, roi des Français.* (T. XI p. 107-207) et *la Voiture de Maître Dupin* (T. XV, p. 207).

TARDIF (Alexandre).
— Scènes de Paris. *Paris, Guéry et Cie*, in-32, 123 p.

Voy. (p. 69-79) la scène dialoguée intitulée *les Omnibus*. Publié sans nom d'auteur.

1830

MÉRIMÉE (Prosper).
— Théâtre de Clara Gazul, comédienne espagnole. Seconde édition. *Paris, H. Fournier jeune*, in-8, VIII-450 p.

Cette édition contient *le Carrosse du Saint-Sacrement*, qui avait été publié d'abord dans la *Revue de Paris* et qui ne se trouve pas dans la première édition du *Théâtre de Clara Gazul*.

NARRATUS VIATOR (N.).
— Vingt jours de route et généalogie historique de la famille des coches, messageries, diligences, voitures publiques, malle-postes, etc., avec des notes. *Paris, Denain*, in-8, 288 p.

Par Grandsire.
L'auteur, après avoir consacré à l'histoire des coches et des messageries les trois premiers chapitres de son livre, s'égarant dans des impressions de voyage et des descriptions de Paris, ne parle plus qu'incidemment des voitures.

1831

SAUVAGE (Thomas).
— Le Cocher de Napoléon, vaudeville en 1 acte. *Paris, Barba*, in-8, 40 p.

Représenté sur le théâtre de la Gaîté, le 27 octobre 1830.

1832

LE CHARIVARI, publiant chaque jour un dessin nouveau. *Paris*, in-4, puis petit in-fol.

Le premier numéro est daté du 1ᵉʳ décembre 1832. Nous ne saurions relever, dans la collection du célèbre journal humoristique fondé par Philipon, tous les articles et tous les dessins relatifs aux voitures. Bornons-nous à dire qu'il en publia presque constamment, tantôt en des fantaisies politiques. (*La Marche des diligences subordonnée à la marche des affaires*, n° du 27 octobre 1844), tantôt en des chroniques purement sportives (*Le premier cab*, n° du 12 mars 1850). De très spirituels dessins y sont joints. Nous en reproduisons, ici, un de Pigal.

Nous ne croyons pas devoir consacrer, dans cette étude, un article à chacun des journaux humoristiques publiés à Paris, dont les collections pourraient, toutefois, être utilement dépouillées pour l'histoire du *driving* en France, surtout dans les rapports de cette histoire avec celle des mœurs. Indiquons particulièrement celles de : *la Caricature*, *la Silhouette*, *le Journal amusant*, *l'Eclipse*, *le Journal pour rire*, *le Petit Journal pour rire*, *la Vie parisienne*, etc., etc.

JAIME, Barthélemy, et Maximilien.
— Une Course en fiacre, comédie-vaudeville en deux actes. *Paris, Barba*, in-8, 20 p.

Représenté sur le théâtre de l'Ambigu-Comique, le 5 mars 1832.

RICARD (Auguste).
— La Diligence, ou le Coupé, l'intérieur, la rotonde et la banquette. *Paris, Lecomte et chez Pigoreau*, 4 vol. in-12.

Charenton une place, not' bourgeois?

1832-1839

DICTIONNAIRE de la Conversation et de la lecture. *Paris, Belin-Mandar*, 52 vol. in-8, et 16 vol. de supplément.

Voy. dans ce dictionnaire, les mots CABRIOLET, CARROSSE (article très documenté), CHAR, CHARRETTE, COCHE, COCHER, COUCOU, VIS-A-VIS, etc.

Ces articles sont ordinairement rédigés par Hyacinthe Audiffret, l'un des principaux auteurs du *Dictionnaire de la Conversation*. Certains, d'une tournure plus humoristique, sont signés des initiales E. H. Tel est celui consacré au mot COCHER : « .... Un bon cocher n'est pas moins nécessaire qu'un bon cuisinier, et plus d'un grand personnage a dû à l'adresse et à l'habileté du premier, la conservation d'une vie que l'art du second avait maintes fois compromise..... Il y a eu des cochers dans plus d'une noble famille, depuis Néron, dont Racine a dit dans Britannicus :

> Pour toute ambition, pour vertu singulière,
> Il excelle à conduire un char dans la carrière.

jusqu'à nos modernes Phaëtons, qui conduisent eux-mêmes leur léger équipage au bois de Boulogne :

> Tandis que leur jockey se carrant auprès d'eux,
> Presse nonchalamment un coussin moelleux. »

Ces petites notes humoristiques ne seraient-elles pas le début dans les lettres du fécond écrivain sportif Ephrem Houel ?

1833

LEBRUN (M.).

— Manuel du charron et du carrossier, ou l'art de fabriquer toutes sortes de voitures. Ier Livre contenant : 1° l'art de faire tous les trains de voitures, les charrues, charriots et autres objets accessoires ; 2º tous les perfectionnemens introduits de nos jours dans la théorie comme dans la pratique du charronnage ; 3º un très grand nombre de figures et de modèles nouveaux, avec un vocabulaire explicatif des termes techniques. Tome premier : Art du charron. *Paris, Roret,* in-18, II-266 p.

Illustré de 4 planches.

— Manuel du charron et du carrossier, etc. : IIᵉ livre, contenant principalement les détails de fabrication relatifs à la carrosserie proprement dite ; la description des équipages de diverses sortes, celle des voitures les plus élégantes et les plus nouvelles, telles que Britschky, Tandem, Phaëton, Drowsky, Briska et autres voitures de construction anglaise ; avec un grand nombre de figures et de modèles, et suivi d'un vocabulaire des termes techniques ainsi que des Lois sur les dimensions et la construction des voitures. Tome second : Art du carrossier. *Paris, Roret,* in-18, IV-343 p.

Illustré de 4 planches.
Publié dans la collection des *Manuels Roret*.

LE MAGASIN PITTORESQUE. *Paris, rue du Colombier,* in-8.

Le *Magasin pittoresque* est le premier des *magazines* illustrés hebdomadaires publiés en France. La collection peut en être consultée avec fruit. Elle contient de nombreux articles relatifs aux véhicules, illustrés de planches d'un véritable intérêt artistique et documentaire. Nous ne pouvons en donner ici le dépouillement. Nous ne saurions même, en raison des limites de notre travail, consacrer un article de cette bibliographie à chacun des périodiques semblables au *Magasin pittoresque*, tels que *le Musée des familles, l'Omnibus, l'Ouvrier*, dont les volumes renferment cependant, un peu perdues dans des articles d'un intérêt général, quelques pages relatives à l'historique du *Driving*.

1834

ROUGEMONT (M. DE).
— La Fille du cocher, comédie-vaudeville en 2 actes. *Paris, Marchant*, in-8, 16 p.

1834-1835

NOUVEAU TABLEAU DE PARIS au XIXe siècle. *Paris, M*[mo] *Charles Béchet*, 7 vol. in-8.

Recueil collectif dans lequel nous devons mentionner :

T. IV (p. 161) : *les Voitures publiques*, par Louis Huart.
T. VI (p. 325) : *la Domesticité*, par Alphonse Karr.

1835

L'ÉLEVEUR, journal des chevaux et des chasses, 2me année. *Paris, imp. Bellemont*, puis *imp. J.-A. Bourdon*.

La première année avait paru sous le titre de *Journal des chevaux et des chasses*. En 1835, le rédacteur en chef de l'*Éleveur* était le comte Th. de Nompère de Champagny, auquel succéda M. A. Noël.

Nous trouvons, dans la collection de l'*Eleveur*, de nombreux articles consacrés aux voitures et particulièrement aux messageries, et les lithographies suivantes :

— Une voiture sortant des ateliers des messageries royales (juin 1835);

— Un palonnier nouveau (juillet 1835);
— Tonne roulante (avril 1835);
— Malle-poste de Paris à Caen (novembre 1835) ;
— Phaëton de lord Henry Seymour (avril 1836) (1).

FOLIGUET (Ch.).
— Le Cocher et la chanteuse, vaudeville en 1 acte.

Représenté sur le Théâtre Lazary en 1835 et non imprimé.

LONGFELLOW (Henry Wadsworth).
— Outre-Mer, or a Pilgrimage to the old World.

Cet ouvrage du célèbre auteur américain, maintes fois réimprimé, contient un chapitre charmant : *The Norman Diligence.* Voy. *The Prose Works of Longfellow, London, Chatto and Windus* (p. 39-44).

MÉLESVILLE, Estienne et Daubigny.
— La Berline de l'Émigré, drame en cinq actes. *Paris, Marchant-Tarride,* in-8, 40 p.

Représenté sur le théâtre de la Porte-Saint-Martin, le 27 juillet 1835.
Drame populaire ayant obtenu un énorme succès et dont Alphonse Karr, dans *le Monde dramatique*, rendit compte d'une façon plaisante : M. de Savigny, l'émigré, veut prendre la fuite. Le fils de Germain, « le domestique à *cheveux blancs* du vieux roman, est carrossier. Il construit une berline, où une cachette mystérieuse doit mettre à l'abri des recherches 600,000 fr., débris de la fortune de l'émigré. » Mais il le dénonce aussitôt ; et gentilhomme et traîtres poursuivent la berline à travers toutes les aventures et dans tous les camps jusqu'à la fin de la pièce.

---

(1) Nous donnons ici la reproduction de cette planche.

Phaëton

l'Éleveur
Journal des Chevaux, des Chasses, des Voitures, etc, etc.

1

Donnée enfantine, et qui fait pourtant songer à la massive et historique voiture de Varennes.

1836

EVRARD (Cl.).
— Manuel économique, élémentaire et résumé du bourrelier-sellier. *Paris, Auguste Desrez*, in-32, 228 p.

Publié dans la *Bibliothèque des professions et des ménages*, prix : 40 c. L'on payait « *un sou* la feuille de 16 pages, contenant le même nombre de lettres et de lignes qu'une feuille in-8. »

LHÉRIE (Léon) et de Leuven.
— Le Postillon de Longjumeau, opéra-comique en 3 actes. *Paris, Barba-Delahante*, in-8, 24 p.

Représenté sur le théâtre de l'Opéra-Comique, le 13 octobre 1836. La musique est d'Adolphe Adam, dont *le Postillon de Longjumeau* est peut-être regardé comme le chef-d'œuvre.

1836-1839

MONNIER (Henry).
— Scènes populaires dessinées à la plume. *Dumont*, 4 vol. in-8.

C'est dans cette édition des *Scènes populaires* que fut publié, pour la première fois, *un Voyage en Diligence*.

Mentionnons dans l'œuvre lithographié d'Henri Monnier, parmi les lithographies publiées à l'étranger :

> French coachman, cocher français (*London, Fuller*, 1825).
> English coachman, cocher anglais (même éditeur).

French postilion, postillon français (*London, Jones*, 1825).

English postilion, postillon anglais (même éditeur).

Ces quatre pièces étaient en vente à Paris, *chez Géhaut, 5, boulevard des Italiens.*

1837

ALHOY (Maurice), Dupeuty et Étienne Arago. — Coucous et wagons, comédie-vaudeville en un acte, représentée sur le théâtre du Vaudeville, le 11 novembre 1837.

Pièce non imprimée, mais dont le frère d'un des auteurs rend compte dans *le Monde dramatique* (T. V, p. 312). C'était une *revue épisodique*, mutilée par la censure, en dépit de laquelle « les coucous et les wagons ont roulé d'une façon victorieuse. »

DARSIGNY (F.).
— Descarnado, ou Paris à vol de diable. *Paris, Delaunay*, 2 vol. in-8, 304, 342 p.

Voy. dans le tome I (p. 47-65), le chapitre intitulé *les Équipages*. Le *Paris à vol de diable* étant surtout un recueil de tableaux de mœurs, la description des équipages n'occupe que peu de lignes de ce chapitre, mais elles sont fort curieuses. L'auteur y montre successivement : « une voiture blanche et noire dans laquelle quinze à vingt personnes sont assises en face l'une de l'autre, » un vieux juge dans un cabriolet, le carrosse d'un visiteur professionnel, la voiture jaune d'un solliciteur, le tilbury « conduit par une dame en robe du matin, coiffée d'un joli chapeau rose, » les équipages de duellistes, de Chevet, d'un accoucheur et d'un usurier. Défilé assez amusant, terminé par l'apparition de la voiture à six chevaux du roi Louis-Philippe, « qui va au-devant de l'attentat habituel ».

Darsigny était le pseudonyme de E.-F.-A. Machart, qui

fut avocat général à la cour d'Amiens et qui est mort en 1852. Ce chapitre d'une œuvre beaucoup trop vantée a été écrit par un humoriste de province qui ne connaissait guère les hommes de Paris et encore moins les équipages de Paris dont il prétendait parler.

DUPUIT (J.), ingénieur des ponts et chaussées. — Essai et expériences sur le tirage des voitures et sur le frottement de seconde espèce, suivis de considérations sur les diverses espèces de routes, la police du roulage et la construction des routes. *Paris, Carilian-Gœury*, in-8.

Illustré d'une planche.

NIMROD (CHARLES-JAMES-APPERLEY). — Opposition coaching in France.

Curieux article publié dans le *New sporting magazine* (année 1837, p. 355). Le célèbre écrivain sportif y parle, avec infiniment d'humour et de malice, des diligences françaises. Dans le même recueil (année 1834, p. 317), l'on rencontre une pièce humoristique de l'Honorable Martin Hawke, intitulée : *On a french diligence.* Nous cédons à la tentation de la reproduire ici, comme présentant l'état d'esprit d'un voyageur anglais à cette époque et donnant son appréciation des diligences françaises :

« I LEFT Touraine, whose noontide bowers
  Are sheltered by the clustering grape ;
And on the dusty road, for hours,
  Could neither breakfast, dine, nor sleep.

Slumber o'er my senses stealing,
  The jolting coach that slumber stops ;
If a sense of hunger feeling,
  Who could eat their nasty chops ?

Filthy rooms, — abomination ;
  Dirty knives and sour wine :
Vain, alas ! expostulation,
  You may starve or you may dine.

> Unshav'd Frenchmen — spitting, snuffing,
>   Paris dames with painted face ;
> All alike their country puffing,
>   Taking pride in their disgrace *.
>
> Harness that would shame a waggon,
>   Oh ! their posting's quite a farce ;
> Jolting, jilting, cracking, flagging,
>   No more blood than in an ass.
>
> France may boast her proud dominion,
>   But at once this truth I find —
> That in all that's worth opinion
>   She's a hundred years behind. »

Est-il bien nécessaire de traduire cette boutade ?

PANGLOSS (Martin), pseudonyme de Rigot, et H. Tully.
— La Diligence de Brives-la-Gaillarde : folie parade en un relai, mêlée de couplets, de coups de fouet, etc. *Paris, Dondey-Dupré*, in-8.

TOURNEMINE (Pierre).
— La Révolte des Coucous, vaudeville critico-comico-fantastique en un acte. *Paris, Duvernois*, in-8, 22 p.

Représenté sur le théâtre de la Gaîté, le 26 novembre 1837. Vaudeville fantastique, que le public a encouragé, « comme pour prouver que l'établissement des chemins de fer n'occasionne qu'un déplacement momentané d'intérêts, dans lequel le peuple n'a rien à perdre. » (*Le Monde dramatique*, T. V, p. 351). Sorte de revue, dans laquelle, devant M. Public, paraissaient le chemin de fer, Cabochet, entrepreneur de diligences, et L'Empaillé, conducteur de coucous.

1838

ALMANACH officiel des Omnibus (année 1838), comprenant toutes les voitures à 30 centimes, circulant dans Paris, et leur correspondance, tant en ville que dans la banlieue, avec un chapitre spécial indiquant les lignes qui ont une direction vers le chemin de fer par un chef de station. *Paris, J. Foust, éditeur*, in-16. Prix : 50 centimes.

Deuxième édition, illustrée de douze gravures représentant les diverses sortes de voitures. La couverture imprimée sert de titre.

Cet almanach devient, en 1843, le *Livret des Omnibus*.

LE COCHER de cabriolet, vaudeville en 1 acte.

Représenté sur le théâtre des Funambules, le 19 mai 1838, et non imprimé.

MATHON.
— La Berline d'occasion, vaudeville en 1 acte.

Représenté sur le théâtre de la Porte-Saint-Antoine et non imprimé.

1839

ALHOY (Maurice) et Louis Huart.
— Les Cent et un Robert-Macaire, composés et dessinés par M. H. Daumier, sur les idées et les légendes de M. Ch. Philipon. *Paris, Aubert*, 2 vol. in-4.

Voy dans cette collection, les nos 36, *Bertrand cocher*, et 87, *Robert-Macaire en tilbury*.

Voy. également, dans l'œuvre lithographié de Daumier, la suite intitulée *Messieurs les Cochers*; *les Cochers de Paris*.

DE LA CONCURRENCE et de la coalition des Messageries. *Paris, Paul Dupont*, in-8, 59 p.

Publié sans nom d'auteur.

Intéressante brochure relative à l'affaire des Messageries, qui fit un certain bruit en 1839. Un article de Blanqui, donné le 17 mars, dans le *Courrier français*, est reproduit à la fin de l'opuscule. Il est assez amusant de voir les *Messageries françaises*, les *Messageries royales* et les *Messageries générales* se combattre sur le terrain de la concurrence, à l'heure où elles allaient avoir à subir la redoutable et mortelle concurrence des chemins de fer.

LABORIE (M.), avocat général près la Cour royale de Lyon.
— Réquisitoire dans l'affaire des Messageries royales et générales appelantes contre la compagnie des Messageries françaises, intimées. *Lyon, L. Perrin,* in-8, 195 p.

Réquisitoire prononcé devant la chambre des appels de police correctionnelle de Lyon, en l'audience du 13 décembre 1839 et relatif à l'affaire dont nous venons de parler.

NICHOLS (Ph.).
— Essai sur nos moyens actuels de transport par terre ; améliorations dont ils paraissent susceptibles. *Paris, imp. Vinchon,* in-8, 56 p.

SANDERSON (John).
— The American in Paris. *Philadelphia, Carey,* 2 vol. in-12, 233, 254 p.

Voy. la lettre XXII, consacrée à la fête de Longchamps, aux modes, etc.

VANHUFFEL (C.).
— Manuel des maîtres de poste, indiquant nettement leurs obligations envers l'administration publique et leurs droits à l'égard des entrepre-

neurs de voitures publiques, qui n'emploient pas leurs chevaux. *Paris, Delaunay, Delamotte*, in-8, 80 p.

1839-1840

ALHOY (Maurice), Louis Huart et Charles Philipon.
— Le Musée pour rire, dessins par tous les caricaturistes de Paris, 3 vol. in-4.

Voy. dans ce *Musée* les n^{os} :
    39 — Tribulations des omnibus, la voiture au passage ;
    71 — Tribulations des omnibus. Complet !! ;
    112 — Le Coucou ;
    113 — Le Cabriolet de place ;
    117 — Les Accélérées.

1840

LA BÉDOLLIÈRE (Émile de).
— Les Anglais peints par eux-mêmes. *Paris, Curmer*, 2 vol. in-8.

Émile de la Bédollière n'a fait que traduire cet ouvrage dans lequel il faut lire (T. I, p. 193-200) *le Conducteur d'Omnibus*, article de Leigh Hunt ; (T. II, p. 223-229) un article de Nimrod (Apperley) *le Cocher et le Garde*, qu'il est intéressant de rapprocher de celui ayant pour titre *la Diligence*, publié vingt ans auparavant dans *l'Hermite de Londres*.

BERRUYER, H. Lévesque et Alphonse Salin.
— Le Cocher de Coucou, vaudeville en 2 actes.

Représenté sur le théâtre de la Porte-Saint-Antoine, le 6 juin 1840, et non imprimé.

DINANT (Eugène de) et Louis Dumesnil.
— Les Premiers fiacres, vaudeville en deux actes. *Paris, L.-A. Gallet*, in-8, 13 p.

Représenté sur le théâtre du Panthéon, le 30 juin 1840.
Le principal personnage de la pièce est Sauvage, « fils de l'inventeur des fiacres, » et, au dessous de la distribution des rôles, les auteurs ont placé cette note : « En 1680, un nommé Sauvage imagina de tenir, moyennant un prix fixé, des voitures et des chevaux toujours à la disposition du public. Comme il demeurait à l'enseigne de Saint-Fiacre, on appela fiacres les voitures de place et les cochers qui les conduisaient. »

L'EXPOSITION, journal de l'industrie et des arts utiles, publiant par année 288 gravures sur acier, avec texte. *Paris, au bureau, rue de la Bourse, n° 1*, petit in-fol.

Ce journal, dirigé par Le Bouteiller, était divisé en six catégories (Architecture — Ameublements — Bronzes et Dorures — Articles de Paris — Equipages et Sellerie — Mécanique et Outils). L'on pouvait s'abonner à une seule catégorie pour le prix de 24 fr. par an (48 fr. avec les planches en couleur).

MAIRE (F.) et Tournemine.
— Le Garçon d'Écurie, mélodrame en 3 actes. *Paris, Henriot, Tresse*, in-8, 16 p.

MORIN (Arthur), membre de l'Institut, directeur du Conservatoire des arts et métiers.
— Expériences sur le tirage des voitures faites en 1837 et 1838. *Paris, Carilian-Gœuvry*, in-4.

Illustré de deux planches.

1840-1842

LES FRANÇAIS PEINTS PAR EUX-MÊMES.
Paris, L. Curmer, 8 vol. gr. in-8.

Voy. T. I (p. 283) : Le Postillon, par Hilpert. Illustré d'une planche et deux vignettes, par H. Monnier ;

T. I! (p. 97) : Le Conducteur de Diligence, par Hilpert. Illustré d'une planche et deux vignettes, par H. Monnier ;

(P. 145) : Le Cocher de Coucou, par Le Couailhac. Illustré d'une planche, par H. Monnier, et de deux vignettes, par Emy.

1841

ALHOY (Maurice).
— Physiologie du Voyageur. *Paris, Aubert,* in-16, 126 p.

Vignettes de Daumier et Janet-Lange.

CLER (Albert).
— La Comédie à cheval, ou manies et travers du monde équestre, Jockey-Club, cavalier, maquignon, olympique, etc., illustrée par MM. Charlet, T. Johannot, Eugène Giraud et A. Giroux. *Paris, E. Bourdin,* III-12, 153 p.

Opuscule curieux et très spirituellement illustré de vignettes dont plusieurs représentent des voitures. Il faut signaler (p. 50) le chapitre XI, *De la fashion en voiture,* fashion qui venait de passer de tilburys élevés, nommés *mort subite,* à une sorte de corbillard, nommé *escargot.*

GOURDON (Édouard).
— Physiologie de l'Omnibus. *Paris, Terry,* in-18, 124 p.

Illustré de vignettes.

LEROUX (Pierre) et J. Reynaud.
— Encyclopédie nouvelle, ou Dictionnaire philosophique, scientifique, littéraire et industriel etc., par une société de savants et de littérateurs. Publié sous la direction de MM. P. Leroux et J. Reynaud. *Paris, Gosselin*, 8 vol. in-4.

Voy. (T. VIII, p. 715) l'article Voitures, très développé.

VANHUFFEL (C.).
— Guide des expéditeurs, destinataires et voyageurs, dans leurs rapports avec les entrepreneurs de voitures publiques, commissionnaires de roulage, maîtres de bateaux, etc. *Paris, imp. de Beaudouin*, in-12.

— Traité du contrat de louage et de dépôt appliqué aux voituriers, (entrepreneurs de messageries, de roulages publics, maîtres de bateaux) : suivi de l'analyse raisonnée des règlements particuliers concernant les voitures publiques et celles du roulage, les bateaux à vapeur et autres, et les chemins de fer. *Paris, Delamotte*, in-8, viii-346 p.

Le nom du libraire n'est indiqué, dans ces deux ouvrages, que sur la couverture. Sur le titre on lit : *chez l'auteur, 17, rue Guénégaud.*

1842

L'ARGUS des haras et des remontes. Journal de la réforme des abus dans l'intérêt des éleveurs de chevaux, de la cavalerie et de l'agriculture, sous la direction de X. de Nabat, ancien officier de cavalerie et directeur des Haras royaux. *Paris, au bureau du journal, rue Royale-Saint-Honoré, n° 23 bis,* in-8, 1re année 1842.

L'*Argus des haras,* qui paraissait par livraisons mensuelles de 48 p. avec illustrations, contient quelques articles relatifs aux attelages mais beaucoup moins nombreux que ceux publiés dans le *Journal des Haras.* Signalons toutefois, dans le T. IV, une traduction du chapitre consacré au *cheval de carrosse,* dans l'excellent ouvrage anglais de William Youatt, *the Horse.* Parmi les planches, deux seulement doivent être indiquées ici : l'une représentant une malle-poste, l'autre, un cheval de carrosse.

DUPUIT (J.), ingénieur en chef des ponts et chaussées.
— Mémoire sur le tirage des voitures et sur le frottement de roulement. *Paris, Carilian-Gœury et V^{or} Dalmont,* in-8, 79 p.

Extrait des *Annales des ponts et chaussées.* Illustré d'une planche. Voy. ci-dessus (année 1837).

GOURDON (ÉDOUARD).
— Physiologie des diligences et des grandes routes. *Paris, Terry,* in-12, 108 p.

Illustré de curieuses vignettes.

MORIN (ARTHUR).
— Expériences sur le tirage des voitures et sur les effets destructeurs qu'elles exercent sur les routes, exécutées en 1837 et 1838, par ordre du ministre de la guerre, et en 1839 et 1841, par ordre du ministre des travaux publics. *Paris, Mathias,* in-4.

Voy. ci-dessus (année 1840).

1842-1843

KOCK (Charles-Paul de).
— La Grande Ville ; nouveau tableau de Paris, comique, critique et philosophique. *Paris, bureau central des publications nouvelles*, 2 vol. gr. in-8, 412, 418 p.

Voy. T. I (p. 57-60), l'article consacré aux *Cabriolets-Milords*.

1843

L'ILLUSTRATION, journal universel. *Paris*, in-fol.

Le premier numéro est daté du 4 mars 1843. *L'Illustration* est le premier des journaux illustrés hebdomadaires publiés en France. La collection en contient de nombreux articles, tantôt humoristiques, tantôt sérieux et même techniques, relatifs aux véhicules. Ils sont tous illustrés d'intéressantes gravures (1). Nous ne saurions dépouiller ici cette collection. Nous ne croyons même pas devoir consacrer un article spécial à chacun des périodiques similaires, tels que *Le Monde illustré, le Journal illustré, l'Univers illustré, la France illustrée*, dont les collections pourraient être, toutefois, utilement consultées pour l'historique du *Driving*.

LE LIVRET des Omnibus ou Guide des voyageurs dans Paris, comprenant la marche de toutes les voitures de transport en commun, en circulation avec l'indication de leur itinéraire par

(1) Nous reproduisons ici, à titre de spécimen, la gravure représentant *la Voiture du sacre du roi Charles X*. Nous avons cru curieux de placer au-dessous le fac-similé d'un autographe du sculpteur Roguier relatif aux travaux de sculpture exécutés pour ce carrosse.

Voiture du sacre de Charles X.

un contrôleur. *Paris, J.-P. Fouet, éditeur.* Prix : 50 cent.

Sixième édition, ornée de 30 gravures représentant les diverses sortes de voitures.

L'UNITÉ, organe des intérêts de la France et du monde, grande revue illustrée du dimanche, 1 vol. in-fol. et un vol. in-4°.

Rédacteur en chef : Félix Colson. *L'Unité,* qui parut du 5 février au 11 juin, publia un certain nombre de planches relatives aux équipages, entre autres une curieuse lithographie d'Achille Giroux, représentant une calèche, sous le titre *Modes de Longchamps.*

1844

EXPOSITION de l'industrie française en 1844. *Paris,* in-4.

Voy. dans la partie des *machines* (p. 64), l'article *carrosserie, sellerie et bourrellerie,* illustré de deux planches : cabriolet-char-à-banc-calèche, par Waidéle, et calèche-wourst et coupé de cérémonie, par Paret.

1845

BOURGEOIS (Anicet) et Ed. Brisebarre. — Le Fiacre et le parapluie, comédie-vaudeville en 1 acte. *Paris, Tresse,* in-8.

LA DILIGENCE, journal des voyages, littérature, mœurs, théâtres, modes, itinéraires, voyages, industrie. *Paris, imp. Blondeau,* in-8 de 2 feuilles.

Bureaux d'abonnement : rue Richelieu 14. Prix annuel

d'abonnement : 6 fr. *La Diligence* paraissait une fois par mois.

LE BAS (Ph.).
— France, dictionnaire encyclopédique. *Paris, Firmin-Didot*, 12 vol. in-8.

Publié dans la collection de l'*Univers illustré*. Voy. T. XII (p. 931-936) l'article consacré aux *Voitures* et aux *Voitures publiques*.

1846

LE COCHER, journal des annonces, de la littérature, de l'industrie, des sciences et des arts, paraissant tous les dimanches. *Paris, imp. Fournier*, in-12 d'une feuille.

Bureaux, 6, rue de la Jussienne ; prix d'abonnement : 12 fr. par an. Le 1er numéro paraît le dimanche 2 août 1846. Publication différente de celle indiquée ci-dessous et ayant pour titre : *Le Fiacre*.

L'ÉCHO des voitures publiques, paraissant le 1er de chaque mois en journal et le 15 en placard. *Paris, imp. René*, in-fol. d'une feuille.

Bureaux : Cité Trévise, 24. Le 1er numéro paraît le 1er octobre 1846.

LE FIACRE, journal des cochers, paraissant tous les dimanches. Dimanche 5 juillet 1846. Prospectus spécimen, n° 1. *Paris, Vrayet de Surcy*, in-4 d'une demi-feuille.

Le prix d'abonnement indiqué est de 12 fr. pour un an, 8, pour six mois, et 4, pour trois mois. *Le Fiacre* change de titre et prend celui de *Journal des cochers*.

LEFORT (H.).

— Le Postillon de Mam'Ablou, dialogue trouvé au bas de la côte de Ponthiéry par Jean-Louis Lepailleux, garçon d'écurie, et mis en musique par Bruno Ducornet, conducteur, dit la Terreur des Pistons, publié dans l'*Album comique* (T. III, p. 229-233). *Paris, L. Vieillot*, in-12.

Musique de Clapisson. Scène chantée par Levassor au théâtre du Palais-Royal. Le chanteur, à cheval sur une chaise, imitait le mouvement d'un postillon qui trotte. Curieuse transcription du langage des derniers postillons.

— Le Cocher de cabriolet. Scène populaire, publiée dans l'*Album comique*. (T. II, p. 61-67). *Paris, L. Vieillot*, in-12.

Musique de M. Waldimir. Scène créée par Levassor au théâtre des Variétés. Le chanteur exécutait avec les mains, pendant toute la durée de la scène, « le geste d'un homme qui conduit un cheval en lui faisant sentir la bride ; c'est ce que les cochers appellent : *sonner un cheval* » Propos gaulois et réjouissants, recueillis dans l'un des derniers cabriolets.

Le *Cocher de cabriolet* est illustré d'une lithographie.

SYLVANUS.

— Pedestrian and other reminiscences at home and abroad, with Sketches of country life. *London, Longman*, in-8, XII-268 pages.

Malgré le titre du volume, *Souvenirs d'un piéton*, l'auteur consacre la lettre XXII aux vieilles diligences françaises.

1848

L. D., cocher, pseudonyme du baron Louis de Currieu.

— Notions sur le dressage des jeunes chevaux au trait et à la selle. *Paris, Mallet-Schmitt,* in-8.

Illustré d'une planche.

LEROUX (Pierre), économiste.
— Le Carrosse de M. Aguado ; fragment. *Paris, Sandret,* in-8.

Pamphlet égalitaire.

LE MERCURE UNIVERSEL. Illustration théâtrale, littéraire et industrielle. *Imp. Pilloy, à Montmartre.*

Directeur-rédacteur, Henry Izambard ; bureaux : 11, rue Neuve Bréda.
Henry Izambard, directeur du *Mercure universel*, a publié, en 1853, une curieuse *Statistique de la Presse Parisienne*, d'où nous extrayons ces renseignements.
Le *Mercure universel* s'est transformé, en 1852, en *Moniteur illustré de la haute carrosserie*.

1849

BAYARD (J.) et Léon Laya
— Le Groom, comédie mêlée de couplets. *Paris, Levy, frères,* in-12, 50 p.

Représentée sur le théâtre de la Montansier, le 21 août 1849.

COMMERSON et Salvador.
— Le Postillon de Saint-Valéry, vaudeville en deux actes. *Paris.*

Musique de Pilati.
Représenté sur le théâtre de la Porte-Saint-Martin. Voy.

dans *la Presse* (n° du 12 mars 1849), le compte rendu de Théophile Gautier.

1850

CARMOUCHE et Paul Vermond.
— Jean le postillon, monologue sur la chanson de F. Bérat. *Paris, Michel Lévy*, in-8, 4 p.

Représenté sur le théâtre du Vaudeville, le 22 décembre 1850, et ayant eu Melle Déjazet comme interprète principal, car, dans ce *monologue*, paraissaient six personnages.

CHAM.
— Punch à Paris, revue drolatique du mois. *Paris, 16, rue du Croissant*, in-4.

Le *Punch à Paris*, dont le texte était de Louis Huart, et qui ne parut que six fois, contient, dans le n° de mars, un très amusant article : *Naturalisation du cab en France*.

Voy. dans *le Charivari* (n° du 12 mars 1850), un spirituel article intitulé *le Premier Cab*.

KOCK (Paul de) et Valory.
— Le Postillon franc-comtois. Vaudeville en deux actes. *Paris, Tresse*, in-8.

Représenté sur le théâtre des Folies-Dramatiques. Le rondeau chanté par Dumoulin a été reproduit dans l'*Album comique*.

MOREAU, Siraudin et Delacour.
— Le Courrier de Lyon, drame en cinq actes et huit tableaux. *Paris, Lévy frères*, in-12, 60 p.

Représenté pour la première fois à Paris sur le théâtre de la Gaîté, le 16 mars 1850.

Drame dont le succès fut colossal et que l'on reprend souvent encore. L'attaque de la malle-poste, à la fin du deuxième tableau, amène ordinairement sur la scène quelque antique véhicule.

TIREL (Louis), ex-contrôleur des équipages du roi Louis-Philippe.
— La République dans les carrosses du roi. Triomphe sans combat. Curée de la liste civile et du domaine privé. Scènes de la Révolution de 1848. *Paris, Garnier*, in-8, 226 p.

Les chapitres IX et X (La Rançon des écuries du roi. Ce que coûtaient les équipages de S. M. etc.) présentent un intérêt particulier.

1851

ARNOUX (M.), ingénieur civil.
— Voitures. *Paris, imp. nationale*, 1851, in-8, 23 p.

Rapport présenté au jury de l'Exposition internationale de 1851. Suivi d'une *Note additionnelle sur l'exportation progressive de la carrosserie française*, par le baron Charles Dupin.

STELL (Adolphe Schœffer).
— La Berline jaune, vaudeville en 1 acte.

Pièce représentée sur le théâtre du Luxembourg, le 4 octobre 1851, et non imprimée.

1852

BERTHAUX (Louis).
— Le Parfait charron, ou traité complet des ouvrages faits en charronnage et ferrure, concernant tout ce qui est relatif à l'agriculture,

au commerce et aux arts. *Dijon, chez l'auteur,* in-8, 36 p.

Illustré de 118 planches.

BOUCHARDY (Joseph).
— Jean le Cocher, drame en cinq actes, précédé d'un prologue en deux tableaux. *Paris, Marchand,* in-8, 20 p.

Représenté sur le théâtre de l'Ambigu-Comique, le 25 novembre 1852.

LE MONITEUR illustré de la haute carrosserie (ancien *Mercure universel*). — Journal d'hippiatrique, d'équitation, de statistique ; littéraire, historique et anecdotique, paraissant le 15 de chaque mois. *Imprimerie Pilloy, à Montmartre.*

Bureaux, rue Lamartine, 21. Rédacteur en chef : Pawlowski ; dessinateur gérant : Guillon.

1853

DEMENTHON (F.-J.), médecin-vétérinaire et pharmacien juré à Lagnieux (Ain).
— Précis hygiénique sur l'éducation des animaux en général, suivi de conseils à MM. les maîtres de poste, entrepreneurs de diligences et autres propriétaires, amateurs de chevaux. *Lyon, B. Boursy,* in-8, 24 p.

1854

MARÉCHALLE (M.).
— Le Cocher Bontemps, vaudeville en 1 acte.

Représenté sur le théâtre Lazary, le 22 avril 1854, et non imprimé.

1855

BERTHAUX (Louis).
— Le Parfait carrossier, ou traité complet des ouvrages faits en carrosserie et sellerie, contenant diverses voitures de messageries, voitures de luxe etc. *Dijon, chez l'auteur*, in-8, 31 p.

Illustré de 69 planches.

SAINT-ÈPAIN (M. de).
— L'Art de composer les livrées au milieu du XIXe siècle, d'après les principes de la science héraldique, précédé d'une notice historique. *Paris, chez les principaux libraires*, 1853, in-fol. 47 p.

Illustré de 6 planches. L'auteur est Octave Mahaudeau, de Saint-Épain (Indre-et-Loire).

1856

ADENIS (Jules).
— Le Postillon en gage. Opérette en un acte.

Représentée sur le théâtre des Folies-Nouvelles, le 9 février 1856. Musique d'Offenbach.

CHARPENTIER (J.-Chrys.).
— Traité de menuiserie à l'usage des carrossiers. *Paris, Vannier*, in-8.

Illustré de planches.

FOLIGUET (Ch.).
— Le Cocher de fiacre, vaudeville en 2 actes.

Représenté sur le théâtre Lazary, le 7 juin 1856, et non imprimé.

GUILLON (Amable), architecte en équipages.
— Méthode de l'architecte en voitures. *Paris, chez l'auteur*, in-4 oblong.

Illustré de 194 figures.

— Traité complet du tracé général de tout l'équipage, concernant le charron-carrossier, le serrurier et le sellier, composé de 12 parties. *Paris, chez l'auteur*, in-4 oblong.

Illustré de 200 figures.

RAMÉE (D.).
— La Locomotion. Histoire des chars, carrosses, omnibus et voitures de tous genres. *Paris, Amyot*, in-12, 216 p.

Cet ouvrage, l'un des plus complets de ceux consacrés aux origines et à l'histoire de la locomotion, a pour divisions successives :

> Histoire des voitures dans l'antiquité (p. 8-49);
> Histoire des voitures au moyen-âge (p. 51-66);
> Histoire des voitures au seizième siècle (p. 67-88);
> Histoire des voitures depuis la fin du seizième siècle (p. 89-170). Le wagon du chemin de fer (p. 171-179). La locomotion à roues néogyres (p. 179-186) ;
> Pièces justificatives (p. 189-213).

Le volume est orné de dix planches contenant chacune deux vignettes.

1857

LE GUIDE DU CARROSSIER, bulletin industriel de la construction des voitures. Illustré de planches et dessins par Thomas, ancien charron et menuisier en voitures, actuellement professeur et dessinateur dans cette industrie. *Paris, 11, rue de Moscou.*

Le Guide du carrossier paraît en livraisons mensuelles le 15 de chaque mois. Prix d'abonnement : 20 francs par an. Il publie en supplément, depuis 1879, la Voiture industrielle.

PEIGUE (J.-B.), avocat, correspondant du ministère de l'Instruction publique.
— Exposé de l'origine et de l'administration de la grande voirie jusqu'en 1790. *Paris, Dumoulin*, in-12, 140 p.

1858

HERVÉ.
— Le Voiturin, opérette en un acte, non imprimée.

Représentée sur le théâtre Debureau, aux Champs-Elysées. Paroles et musique d'Hervé ; jouée par l'auteur.

1859

DUCOUX, administrateur judiciaire et directeur général de la Compagnie Impériale des voitures de Paris.
— Notice sur la Compagnie impériale des voitures de Paris, depuis son origine jusqu'à ce

jour. (Avril 1859). *Paris, P.-A. Bourdier et C*ⁱᵉ, in-4, 86 p.

FOURNIER (ÉDOUARD).
— Les Enigmes des rues de Paris. Nouvelle édition. *Paris, E. Dentu*, 1892, in-18, IV-384 p.

Voy. dans cette nouvelle édition (p. 59-66), le chapitre III : *Quelle est la véritable étymologie du mot fiacre.*

— Le Vieux-Neuf. Histoire ancienne des inventions et découvertes modernes. Deuxième édition. *Paris, E. Dentu*, 1877, 3 vol. in-12, IV-414, et 794 p. (la pagination du T. II étant continuée dans le T. III).

Ouvrage très documenté, fournissant les articles suivants relatifs à l'histoire de la locomotion :

T. I.

Voitures mécaniques, prédites par Roger Bacon au XIIIᵉ siècle (p. 52-53) ;
Chaise roulante mécanique (p. 53, note) ;
Voiture mécanique de Jean Hautch (p. 53) ;
Voiture mécanique de Blanchard (p. 54) ;
Chaise roulante mécanique en 1718 (p. 56) ;
Voiture de l'empereur Commode, marquant les heures et les distances (p. 55-56) ;
Le Compteur des fiacres, repris de l'*Odomètre* des voitures de l'empereur Commode (p. 56) ;
Voitures des externats de Londres (p. 288) ;
Carrosses en carton au XVIIIᵉ siècle (p. 330-331).

T. II.

Fauteuils Voltaire au XVIᵉ siècle (p. 16-17) ;
Fauteuils à roues des anciens pour promener les malades (p. 17) ;

12

Carriole, ce que c'est au XVIIe siècle (p. 18) ;
Chaises de poste-lits (p. 18) ;
Omnibus (p. 37-41) ;
Carrosses à cinq sous de Pascal (37-41) ;
Les Fiacres à Paris sous la Fronde (p. 44) ;
Brouette au XIIIe siècle (p. 45) ;
Chaise roulante de Pascal qui lui fit à tort attribuer l'invention de la brouette (p. 45) ;
Malle-poste et chaise de poste sous Louis XIV (p. 115);
Voitures à ressorts (p. 312) ;
Carrosse suspendu de l'empereur Charles-Quint (p. 372) ;
Chaise roulante à 3 roues (p. 373) ;
Chaises à la Crénan (p. 373) ;
Chaises Boquet (p. 373) ;
Berlines, leur origine (p. 374) ;
Diligences (p. 374) ;
Carrosses inversables (p. 375) ;
Chaises à manivelle (p. 376) ;
Chars avec cheval ailé en 1819 (p. 376) ;
Dorure et vernissure des carrosses (p. 377) ;
Charrette-moulin sous Louis XV (p. 482).

REALITIES of Paris life. By the author of « Flemish interiors » etc. *London, Hurst and Blackett*, 1859, 3 vol. in-8.

Voy. dans le T. I (p. 59), les curieuses observations sur *the public carriage system, cab grievances, public carriages habits of the cochers*, etc.

STEWART (John).
— Economie de l'Ecurie, ou traité concernant les soins à donner aux chevaux par rapport à la disposition des écuries, aux attributions des grooms, à la nourriture, à l'abreuvage et au travail, traduit de l'Anglais sur la septième édition, par le baron d'Hanens. *Paris, Auguste Goin*, in-8, 486 p.

Illustré de 20 figures. Voy. principalement, dans le célèbre ouvrage de Stewart, les articles consacrés aux *chevaux d'attelage, charrois, labourage* (p. 459-463).

1860-1861

ARLOT, peintre en équipages.
— Guide complet du peintre en voitures. *Paris, au bureau du Mercure universel,* in-8, 62 p., plus trois planches.

Illustré par A. Guillon, architecte en voitures. Arlot avait été maître peintre pendant onze années chez Ehrler, carrossier à Paris.
Prix de l'ouvrage : 8 fr. et 5 fr. pour les abonnés du *Mercure universel.* Voy. ci-dessus (année 1851), *le Moniteur universel de la haute carrosserie.*

1861

AURIAC (Eugène d').
— Histoire anecdotique de l'industrie française. *Paris, Dentu,* in-18, vii-292 p.

Suite d'études d'un intérêt tout particulier consacrées aux : coches et carrosses (p. 107-150) ; postes (151-182); messagers et messageries (183-218) ; fiacres et voitures de louage (219-246) ; carrosses à cinq sous ; omnibus (247-286).

BRUN (M.-Y.-C.), juge de paix.
— Commentaire suivant la jurisprudence et la doctrine des auteurs, avec formulaire des lois relatives à la police du roulage et des messageries publiques. *Clermont-Ferrand, P. Hubler,* in-8, 70 p.

ROBINSON (H.).
— Chevaux de selle, de chasse, de course et d'attelage. Manuel complet de l'éleveur et du propriétaire de chevaux. *Paris, Goin,* in-8, 244 p.

1862

DE L'IMPOT sur les voitures et chevaux. Commentaire de la loi du 2 juillet 1862. Assiette et recouvrement de l'impôt. Réclamations des contribuables. *Paris, Paul Dupont,* in-8, 48 p.

1863

DESHAIRES (G.), chef de division à la préfecture de Montauban.
— De l'impôt des voitures et des chevaux. *Paris, P. Dupont et Dentu,* in-8, 48 p.

1864

ANDRÉ (Jean).
— Manuel du cocher, ou méthode pour savoir choisir, soigner et conduire les chevaux et les voitures, contenant la manière d'éviter les accidents. *Paris, chez l'auteur, rue de la Michodière, 20,* in-18.

Publié aussi sous le titre : *Méthode pour conduire les chevaux de carrosse,* et mis en vente *chez Castel.* Prix : 1 fr.

MERCIER (Pol) et Léon Morand.
— Les Cochers de Paris, pièce populaire, en 3 actes et 4 tableaux. *Paris, librairie théâtrale,* in-18, 88 p.

Représentée sur le théâtre des Folies-Dramatiques, le 25 février 1863.

RAPPORTS des délégués des ouvriers parisiens à l'exposition de Londres en 1862, publiés par la commission ouvrière. *Paris, Chabaud*, in-8.

Voy. dans ces rapports, celui relatif à la carrosserie.

1865

BEAUVOIR (ROGER DE), fils.
— Le Supplice des fiacres, folie vaudeville en 1 acte. *Paris, Lévêque*, in-12, 35 p.

Représenté sur le théâtre Saint-Germain, le 7 septembre 1865.

GUÉRIN (A.) et Th. Faucheur.
— Paris sans voitures, vaudeville en 1 acte.

Représenté sur le théâtre des Folies-Dramatiques, le 2 juillet 1865, et non imprimé.

MONTIGNY (le comte LOUIS-EDME DE).
— Manuel des piqueurs, cochers, grooms et palefreniers, à l'usage des écoles de dressage et d'équitation de France. *Paris, Dumaine*, in-12, XVI-478 p.

Illustré de nombreuses planches.

1866

CLAIRVILLE, Nuitter et Désarbres.
— Quinze heures de fiacre, vaudeville en 2 actes. *Paris, Librairie dramatique*, in-12, 54 p.

Représenté sur le théâtre des Folies-Dramatiques, le 22 décembre 1866.

1867

ESQUISSES DE MŒURS. Le Charretier

Très curieuse physiologie du charretier, signée *Karl* et publiée dans le *Magasin normand* (n° du 15 octobre 1867).

EXPOSITION UNIVERSELLE de 1867 à Paris. Rapports des délégations ouvrières. Menuisiers, carrossiers. *Paris, A. Morel,* in-fol. 12 p.

Illustré de 8 dessins de voitures.

L'EXPOSITION UNIVERSELLE de 1867, illustrée. Publication internationale, autorisée par la commission impériale, 2 vol. in-fol. 480, 480 p.

Rédacteur en chef : Fr. Ducuing. Voy. dans le T. II (p. 228), l'article consacré par Prosper Poitevin à la carrosserie et la sellerie à l'Exposition, illustré de dessins de MM. Thiollet et Benassit.

1868

BEAUPRÉ (B. DE).
— Conseils en action donnés aux cochers et charretiers, et suivis d'une conférence sur le cheval, son histoire naturelle, ses travaux et ses souffrances, son utilité alimentaire. *Paris, Gauguet,* in-12, 170 p.

M. B. de Beaupré était vice-président de la Société protectrice des animaux. Opuscule de propagande. Prix : 60 c.

GUÉNÉE et Faucheur.
— Le Cocher de fiacre, drame en 5 actes.

Représenté sur le théâtre Beaumarchais, le 17 mars 1868, et non imprimé.

PARIS-GUIDE, par les principaux écrivains de la France. *Paris, librairie internationale Lacroix-Verbœckhoven et C°,* 2 vol. in-8 (pagination continue) XVI-2135 p.

Voy. (T. II, p. 1218-65) *le Bois de Boulogne, les Champs-Elysées, le Bois et le château de Vincennes,* par Amédée Achard, et surtout (T. II, p. 1671-94), *les Voitures publiques de Paris,* par Decoux, chapitre fournissant un excellent historique des fiacres et des omnibus.

LES VÉHICULES, par les membres du Caveau, chansons sur des mots donnés. *Paris, Ch. Grou et Jules Juteau et fils,* in-12, 110 p.

Les chansons contenues dans ce recueil ont été faites sur des mots tirés au sort, et chantées au banquet du 20 juin 1868, au restaurant du Moulin-Vert, à la porte Dauphine.
Les Véhicules célébrés par les membres du Caveau furent : le Traîneau — la Patache — le Bâton, cheval des enfants — le Carrosse de Cour — les Échasses — la Voiture de déménagement — l'Omnibus — le Poney-chaise — le Tilbury — la Chaise à porteurs — le Corbillard — le Cacolet — le Canot — le Vélocipède — la Calèche — la Voiture à bras — le Chemin de fer — le Ballon — le Manche à balai de la sorcière — le Camion — la Voiture aux chèvres — la Charrette — le Haquet — le Fourgon — le Coucou — la Malle-Poste — le Char antique et la Voiture à bras — la Brouette — le Landau — la Tapissière — la Gondole — le Palanquin — le Coche.

1869

BRICE - THOMAS (Pierre-Brice-Marc-Antoine-Thomas, dit), et Gastelier.
— Le Carnet du peintre en voitures, illustré de soixante échantillons de peintures, avec texte sur la peinture des voitures, l'ordre et le nombre des couches pour l'exécution de chaque peinture, la nature des matières et leurs proportions pour les peintures où elles sont mélangées. *Paris, chez l'auteur*, in-4.

M. Brice-Thomas était alors directeur et éditeur du journal *le Guide du Carrossier*.

LE COCHER FRANÇAIS. Journal paraissant le dimanche matin. *Paris, au bureau du journal, 27, rue des Petites-Écuries*

Le *Cocher français* paraissait chaque semaine en fascicules in-8 de 24 p.; l'abonnement, pour six mois, était de six francs

Périodique intéressant pour l'histoire des équipages sous le second empire. Il contient des articles de Tomy Johnson, Léon Gatayes, Bonhommet etc. et publie le *Nouveau Manuel du Cocher français* par Clopet et Morin.

CRÉTENIER et Hubans.
— Voitures à vendre, vaudeville en 1 acte.

Représenté sur le théâtre de la Villette, en juillet 1869, et non imprimé.

ROQUEPLAN (Nestor).
— Parisine. *Paris, J. Hetzel*, in-12, 330 p.

Voy. *le Chapitre du Chic* (p. 85-97); *le Chapitre des chevaux et des voitures* (p. 98-105); *Observations* (p. 106-110.)

1870

BRICE-THOMAS (P.).
— Traité de menuiserie en voitures : 1re partie. *Paris, chez l'auteur*, in-4°.

Avec un atlas de 14 planches.

1872

ALBERT (H.).
— L'Industrie des chaises à porteurs à Rennes au XVIIIe siècle. *Nantes, Vincent Forest et Emile Grimaud*, in-8, 32 p.

Illustré de deux lithographies.
(Extrait de la *Revue de Bretagne et de Vendée*.)

BERNARD (V.).
— Le Coupé du docteur, comédie en 1 acte. *Paris, Lévy*, in-12.

Représentée sur le théâtre des Variétés, le 1er février 1872.

DEMMIN (Auguste).
— Encyclopédie des Beaux-Arts plastiques, *Paris, Furne*, 3 vol. in-8, 2866 p.

Voy. dans le T. I (p. 407-448), *les Appareils de locomotion sur terre*, partie de l'Encyclopédie, remplie de gravures de véhicules à toutes les époques.

SIRAUDIN (P.).
— Pas une voiture, vaudeville en 1 acte.

Représenté sur le théâtre de la Tour d'Auvergne, le 23 septembre 1872, et non imprimé.

1874

BRICE-THOMAS (P.).
— Rapport au général Morin, directeur du Conservatoire des arts et métiers, sur l'enseignement technique de la construction des voitures. *Paris, chez l'auteur*, in-8.

1875

RAPPORTS de la délégation ouvrière française à l'Exposition universelle de Vienne. *Paris, Morel et Cie*, in-8.

Voy. dans cette collection de rapports, le fascicule contenant celui du délégué des ouvriers carrossiers.

1876

DELTON.
— Les Equipages à Paris.

Recueil de 30 photographies de voitures sous le second empire (Voy. ci-dessous Pierre de Lano, *l'Amour à Paris sous le second empire*, où ces photographies sont reproduites pour la plupart). M. Delton père a donné, dans la suite, un grand nombre d'albums semblables (1).

1877

DAURITZ (Maxime).
— Le Fiacre jaune, vaudeville en 4 actes.

Représenté sur le théâtre Taitbout, le 20 novembre 1877.

---

(1) Nous donnons ici la reproduction d'une de ces photographies, *la demi-daumont de lord Pembroke*.

DEMI DAUMONT
A LORD PEMBROKE

RAPPORTS de la délégation ouvrière libre à l'Exposition universelle de Philadelphie (1876). Carrossiers. *Paris, Sandoz et Fischbacher, Veuve A. Morel et C*^{ie}, in-8, 94 p.

Rapport signé du délégué des ouvriers en voitures de Paris, S. Chambrion, menuisier.

1878

COLMANT (Ph.), cocher au service de S. M. la reine des Belges.
— Des soins à donner aux chevaux. 22 années d'expérience. *Bruxelles, H. Manceaux*, in-8, 16 p.

FERRIER (Paul).
— Paris sans cochers, à-propos en 1 acte. *Paris, Tresse*, in-12.

Représenté sur le théâtre du Gymnase, le 18 août 1878.

SAUGER (Gustave).
— Sur le Mail-Coach, comédie en 1 acte. *Paris, Barba*, in-16.

Représentée sur le 3me théâtre Français, le 22 mars 1878.

1880

BELVALETTE (M.-N.), carrossier, et E. Quenay (de la maison Binder aîné).
— La Carrosserie, le charronnage. *Paris, Imp. nationale*, in-8, 81 p.

Rapport présenté au jury de l'Exposition internationale de 1878.

MARION (Ernest).
— La Sellerie et la Bourrellerie. *Paris, imp. Nationale*, in-8, 9 p.

<small>Rapport présenté au jury de l'Exposition internationale, de 1878.</small>

MONTÉPIN (le comte Xavier de).
— Le Fiacre n° 13. *Paris, Dentu*, 4 vol. in-12.

<small>Une édition illustrée in-4 est publiée en 1884, chez *Roy*.</small>

— Jean-Jeudi, suite et fin du Fiacre n° 13. *Paris, Dentu*, 2 vol. in-12.

ROCHEFORT (Henri).
— Le Palefrenier. *Paris, Charpentier*, in-12 176 p.

1881

ANNUAIRE de la Carrosserie, de la Sellerie, du Charronnage, de la Bourrellerie et des Industries annexées. *Paris, à la Direction de l'Annuaire 58, boulevard de Strasbourg*, in-8, XXVIII-691 p.

1882

MONTIGNY (le comte Louis de), inspecteur général des Haras.
— Nouveau Manuel complet de l'éducation et du dressage du cheval attelé ou monté, son élevage, son hygiène et les formules curatives qui s'y rattachent. *Paris, Roret*, in-18.

<small>Illustré de 6 planches. Fait partie de la collection des Manuels Roret.</small>

1883

GRANDEAU (L.) et A. Leclerc.
— Etudes expérimentales sur l'alimentation du cheval de trait ; rapport adressé au conseil d'administration de la Compagnie générale des voitures. *Paris, Berger-Levrault*, in-4.

Illustré de 12 planches.

1884

CALLOT, peintre héraldique.
— Décoration héraldique de la voiture. *Paris, chez l'auteur, 21, avenue des Champs-Elysées,* in-8.

La couverture imprimée sert de titre.

1885

COURT (Emile), cocher.
— Nouveau manuel du cocher, contenant une étude sur les principales races de chevaux, des notions d'hygiène, de dressage et de médecine vétérinaire usuelle. *Paris, Beaudoin et Cie*, in-12, xi-292 p.

Illustré de 4 planches.

MONTIGNY (le comte Louis de), inspecteur général des haras.
— Comment il faut choisir un cheval ; connaissances pratiques sur l'anatomie, l'extérieur, les races, principes pour essayer les chevaux

de selle et d'attelage. *Paris, Rothschild*, in-16, viii-232 p.

Illustré de 130 figures.

1886

NAJAC (Emile de) et Albert Millaud.
— Le Fiacre n° 117, comédie en 3 actes. *Paris, Librairie théâtrale*, in-12, 122 p.

Représentée sur le théâtre des Variétés, le 23 février 1886.

1887

DORNAY (Jules) et X. de Montépin.
— Le Fiacre n° 13, drame en 5 actes. *Paris, Dentu*, in-12.

Drame tiré du roman de Xavier de Montépin, représenté sur le théâtre du Château-d'Eau, le 27 février 1887.

HUTH (F.-H.).
— Works on horses and equitation. A bibliographical record on hippology. *London, Bernard Quaritch*, in-4, x-439.

Bibliographie très soigneusement dressée de tous les ouvrages relatifs à l'hippologie. Voir à la table (p. 399-340), l'article *Carriages, driving and coachbuilding*, dans lequel se trouvent mentionnés les principaux ouvrages français relatifs aux voitures.

1889

BASTARD (Georges).
— Paris qui roule. *Paris, Chamerot*, in-12, 330 p.

Avec dessins de Tiret-Boquet et ombres chinoises de Louis Bombled, très curieuses et amusantes illustrations.

BEAUFORT (His Grace the Duke of).
— Driving. *Londres, Longmans, Green and Co*, in-8 couronne, xvi-426 p.

Illustré de douze planches hors texte et de nombreuses gravures sur bois.

Ce volume fait partie de la *Badminton Library*, éditée par le duc de Beaufort et A. Watson. Le chapitre XVII est consacré au *Posting in France* et l'on trouve, à la fin du livre (p. 398-404), une bibliographie du *Driving*, dans laquelle sont mentionnés les principaux ouvrages publiés en France.

CRAFTY (Victor-Georges).
— Paris au Bois. Texte et croquis. *Paris, Plon*, in-4, 333 p.

Avec 300 dessins en noir et en couleur.

1890

LA CARROSSERIE FRANÇAISE. *Paris, 22, rue des Acacias.*

Publication spéciale, qui traite de la fabrication des voitures et des harnais et paraît tous les deux mois. Directeur gérant, L. Legrand, abonnement, 25 francs par an.

1892

CONTADES (comte G. de).
— Les Attelages d'autrefois (La Litière de la Motte-Fouquet). *Paris, Champion*, in-4, 21 p.

Article publié dans la *Revue normande et percheronne illustrée*, auquel a été joint un appendice consacré aux *Voitures en Basse-Normandie à la fin du XVIIIe siècle*.
Illustré de deux vignettes.

CROQUEVILLE.

— Paris en voiture, à cheval, aux courses, à la chasse. *Paris, librairie de la Nouvelle Revue,* in-18 jésus, 393 p.

Voy. dans cet ouvrage, dû à la plume de Mme la duchesse de Fitz-James, née de Lœvenhielm, toute la partie *Paris en voiture,* traitée au point de vue technique avec la plus grande compétence et la plus rare sûreté de goût. Nous croyons devoir donner ici la liste des chapitres de cette très curieuse étude, qui fournissent comme les petits mémoires du *driving* pendant le gouvernement de Juillet et le second Empire :

I, les Ecuries royales ; — II, les Voitures sous le gouvernement de Juillet ; — III, les principaux Attelages de 1838 à 1848 ; — IV, la Princesse Bagration ; — V, les Enfants du duc de Praslin ; — VI, la Maison de La Rochefoucauld-Doudeauville ; — VII, le Monde légitimiste sous le gouvernement de Juillet; — VIII, la Berline basse et le Landau de la vicomtesse de Courval: — IX, la Couleur des Voitures ; — X, Aguado ; — XI, le Comte de Lagrange ; — XII, Généralités rétrospectives ; — XIII, les premiers Chevaux chers de l'Empire ; — XIV, le plus méchant cheval de Paris ; — XV, Ecuries impériales ; — XVI, le Capitaine Fleury ; — XVII, la Calèche de Mme Feuillant ; — XVIII, Lord Pembroke ; — XIX, l'Ecurie du comte de Lambertye ; — XX. les Ecuries des Rothschild ; — XXI, Prince d'Alsace ; — XXII, le Père de la Princesse de Metternich ; — XXIII, les Mails à Paris ; — XXIV, le Côté gauche ; Cora, Mmes Musard et Païva, Skittles ; — XXV, la Grande Duchesse de Gérolstein ; — XXVI, un Nouveau marquis d'Aligre ; — XXVII, le Concours hippique avant la guerre ; — XXVIII, Raglan au duc de Luynes pendant la guerre ; — XXIX, les Prussiens roulent carrosse à Paris ; — XXX, Ambassade d'Angleterre ; — XXXI, une Voiture d'ambassadrice après la guerre ; — XXXII, la Maison de La Rochefoucauld-Doudeauville sous la troisième République, les Daumonts du comte de Damas et de Mercy-Argenteau ; — XXXIII, Lady Milbanks ; — XXXIV, le

Carrefour des Décavés, autrement dit *la Plage* ; — XXXV, la Potinière ; — XXXVI, les Poneys-chaises féminins ; — XXXVII, les Ecuries du comte Greffulhe et les grands carrossiers du prince de Sagan ; — XXXVIII, le Duc de Bisaccia et le baron de Hirsch ; — XXXIX, nos Serviteurs (1771-1891) ; — XL, un Duc sur son siège, la Duchesse de Caumont La Force ; — XLI, le marquis O. T..... sous la perruque d'un cocher.

GRONOW (Le capitaine).
— The Reminiscences and Recollections of captain Gronow, being anecdotes of the Camp, Court, Club, and Society (1810-1860). *London, J.-C. Nimmo*, deux vol. in 8, xxviii-353, 340 p.

Voy. dans le second volume de ces souvenirs, dont la première édition fut publiée en 1862, le curieux article *Equipages in London and in Paris* (p. 108).

1893

GRAND-CARTERET (John).
— XIXº siècle (en France), classes, mœurs, usages, costumes, inventions. *Paris, Firmin-Didot*, 1893, gr. in-8, xii-774 p.

Voy. dans ce volume, où se trouve si bien résumée la vie du siècle qui va finir, le chapitre XIII : *les Moyens de transport et la locomotion*, illustré de reproductions documentaires de l'intérêt le plus grand.

WISMES (Baron de).
— Les Chars aux diverses époques. Histoire anecdotique et pittoresque des chars, carrosses et voitures de luxe ; fiacres et omnibus, postes, messageries, diligences et chemins de fer. *Paris, Alphonse Picard et fils*, in-8, 124 p.

Etude très sérieuse et très documentée sur l'histoire de la locomotion non-seulement en France, mais dans toute l'Europe, remplie d'indications utiles et de curieuses citations.

1896

LANO (Pierre de).
— L'Amour à Paris sous le second empire. *Paris, H. Simonis-Empis*, in-12, xii-235 p.

Volume illustré de 14 reproductions de photographies originales de Jean Delton (voitures sous le second empire).

TABLE

TABLE

Adenis (J.). Le Postillon en gage. . . . 174
Albert (H.). L'Industrie des chaises à porteurs. 185
Aldiguier (J.-B. d'). Le Flâneur. . . . 134
Alhoy (M.). Les Cent et un Robert Macaire. 159
— Coucous et wagons. 156
— Le Musée pour rire. 161
— Physiologie du voyageur. . . . 163
Almanach des modes. 123
— des Omnibus. 143
— indicatif des voitures des environs de Paris. 134
— du Cabriolet. 58
— officiel des Omnibus. . . . 158
André (Jean). Manuel du Cocher. . . 180
Andrieux. Contes et opuscules. . . . 115
Angoulême (Marguerite d'). La Marguerite de la Marguerite des princesses. . . . 3
Anicet-Bourgeois. Le Coucou et le Cabriolet. 144
Annuaire de la carrosserie. 188
Antier (B.). Le Cocher de fiacre. . . 135
Argus (l') des Haras et des Remontes. . 164
Arlequiniana. 38
Arlot. Guide du peintre en voitures. . . 179
Arnoux (H.). Voitures. 172
Arrêts relatifs aux voitures. . 12, 43, 74, 75, 76, 78
79, 85, 88, 89, 98, 99
Auriac (E. d'). Histoire anecdotique de l'industrie française. 179

Balzac (H.). Le dernier Chouan. . . . 144
Bastard (Georges). Paris qui roule . . . 190
Baudouin. Desseins de harnois. . . . 51
Bazin (R.). La Diligence. 130
Bayard (J.). Le Groom. 170
Beaufort (duc de). Driving. . . . 191
Beauharnais (Mme de). Le Cabriolet. . . 88
Beaupré (B. de). Conseils aux cochers. . . 182
Beauvoir (Roger de). Le Supplice des fiacres. 181
Belvalette. La Carrosserie. Le Charronnage. 187
Berain (J.). Œuvres. 32
Bernard (V.). Le Coupé du docteur. . . 185
Berruyer. Le Cocher de Coucou. . . . 161
Berthaux (Louis). Le Parfait carrossier. . 174
— Le Parfait charron. 172
Besson (Jacques). Livre premier des instruments mathématiques et mécaniques. . . 4
Bimbenet (J. - B.). Relation de la fuite de Louis XVI. 105
Boileau - Despréaux. Satires. . . . 22
Bosse (Abraham). Chars de fête. . . . 13
Bouchardy (J.). Jean le cocher. . . . 173
Bourgeois (Anicet). Le Fiacre et le Parapluie. 167
Brazier. Les Rouliers. 145
Brice-Thomas (P.). Carnet du peintre en voitures. 184
— Rapport au général Morin . . . 186
— Traité du menuisier en voiture. . . 184
Brouette (la) renversée. 105
Brun (M.). Commentaire sur la police du roulage. 179
Bullet (J.-B.). Dissertation sur la mythologie française. 68

Cabinet (le) des modes. 97
Cabriolet (le) brisé. 52
Cailhava (M.). Arlequin Mahomet. . . 87
Callot. Décoration héraldique de la voiture. . 189
Callot (Jacques). Joûtes de Florence. . . 10
Carmouche. Jean le cocher. 171
Carr (John). The Stranger in France. . . 117
Carrosse (le) de Jacqueline d'O, en 1609. . 9

CARROSSIER (le) français.	191
CAZOTTE (J.). Le Diable amoureux.	71
CAYLUS (comte de). Histoire de M. Guillaume, cocher.	51
— Mémoires et Réflexions.	52
— Œuvres badines.	51
CHAM. Punch à Paris.	171
CHANSONNIER (le) français.	62
CHARIVARI (le).	150
CHARPENTIER (J.). Traité de menuiserie à l'usage des carrossiers.	174
CHEVALIER. L'Intrigve des carosses à cinq sovs.	19
CHOPART (J.-F.). Modèles de voitures.	66
CLAIRVILLE. Quinze heures de fiacre.	181
CLAVELIN. (G.). Petites Étrennes récréatives de la mode.	133
CLER (Albert). La Comédie à cheval.	163
COCHER (le) de cabriolet.	159
COCHER (le) français.	184
COCHER (le). Journal des annonces.	168
COLLETET (François). Le Tracas de Paris.	23
COLMANT (Ph.). Des soins à donner aux chevaux.	187
COMMERSON. Le Postillon de Saint-Valéry.	170
CONCURRENCE (de la) et de la condition des messageries.	159
CONTADES (comte G. de). Les Attelages d'autrefois.	191
CORDIER (J.). Essai sur la construction des routes.	134
COTIGNAC (V.-L. de). Les Dames blanches.	145
COURT (Émile). Nouveau manuel du cocher.	189
COURVAL-SONNET. Les Exercices de ce temps.	11
— Les Satyres.	11
COYER (l'abbé). Bagatelles morales.	57
CRAFTY (V.) Paris au Bois.	191
CRÉQUY (marquise de). Souvenirs.	109
CRÉTENIER. Voitures à vendre.	184
CROQUEVILLE. Paris en voiture.	192
CUBIÈRES (M.). La Diligence de Lyon.	116
DANCOURT (Florent). Le Chevalier à la mode.	33
DARSIGNY (F.). Descarnado.	156

DAURITZ. Le Fiacre jaune. 186
DÉCLARATION du roi relative aux voitures. . 43
DÉCRET impérial concernant les messageries. 119
DEFAUCONPRET (A.). L'Hermite de Londres. . 131
DELISLE DE SALLES. Lettre de Brutus sur les
    chars anciens et modernes. . . . 69
DELTON. Les Équipages à Paris. . . . 186
DEMENTHON. Précis hygiénique. Conseils aux
    maîtres de poste. 173
DEMMIN (A.). Encyclopédie des Beaux-Arts. . 185
DÉSAUGIERS (M.-A.). Histoire d'un fiacre. . 137
DESHAIRES (G.). De l'impôt des voitures et des
    chevaux. 180
DIALOGUE entre Cartouche et Mandrin. . 23
DICTIONNAIRE de la Conversation. . . . 151
DIEULAFOY. Brouette à vendre. . . . 130
DILIGENCE (la). Journal des voyages. . . 167
DINANT (E. de). Les Premiers fiacres. . 162
DIOGÈNE à Paris. 100
DORNAY (J.). Le Fiacre n° 13. . . . 190
DUCHESNE (D.-M.). Dessins de voitures. . . 120
DUCHESNE. Dictionnaire de l'industrie. . 117
DUCOUX. Notice sur la Compagnie impériale des
    voitures. 126
DUFRESNY (Charles). L'Opéra de campagne. 37
DUMERSAN. Les Cochers. 135
DUPATY (C.-D.). Les Omnibus. . . . 142
DUPATY (L.-E.). Les Vélocifères. . . 118
— Les Voitures versées. . . 132
DUPIN (baron). Voyages dans la Grande-Bretagne. 132
DUPUIT (J.). Essai sur le tirage des voitures. 157
— Mémoires sur le tirage des voitures. . 165

ÉCHO (l') des voitures publiques. . . . 168
ÉDITS relatifs aux voitures. 19, 43, 89
ÉLEVEUR (l'). 153
ELIS DE BONS. Le Paranymphe de la Cour. . 12
ENCYCLOPÉDIE. 53
ESQUISSES de mœurs. Le Charretier. . . 182
ESSAIS sur la construction des routes. . 142
ESSAIS sur les mémoires de M. Guillaume. . 52

Etalleville (M. d'). La Diligence. . . . 122
Evrard. Manuel du bourrelier-sellier. . . . 155
Exposition (l'). 162
Exposition (l') de 1867 illustrée. . . . 182
Exposition de 1867. Rapports. 182
Exposition (l') de l'industrie française. . 167

Ferrier (Paul). Paris sans cochers. . . . 187
Fiacre (le). 168
Foliguet (Ch.). Le Cocher de fiacre. . . 173
— Le Cocher et la Chanteuse. . . 154
Fournier (Ed.). Les Énigmes des rues de Paris. 177
— Le Vieux-Neuf. 177
Français (les) peints par eux-mêmes. . . 163
Francis. Les Inconvénients de la diligence. . 136
Franqueville (de). Le Miroir de l'Art et de la
    Nature. 36

Garsault (F. A. de). L'Art du bourrelier et du
    sellier. 72
— Le Nouveau Parfait Maréchal. . . 49
— Traité des Voitures. 59
Garzoni. Piazza universale di professioni. . 6
Gazette nationale. 106
Gersin. Le Carrosse espagnol. . . . 115
Gourdon (Ed.). Physiologie de l'Omnibus. . 163
— Physiologie des diligences. . . . 165
Grand-Carteret. XIXe siècle en France. . 193
Grandeau. (L.). Études expérimentales. . 189
Gronow (le capitaine). Reminiscences. . . 193
Guénée. Le Cocher de fiacre. . . . 183
Guérin (A.). Paris sans voitures. . . . 181
Guide (le) du carrossier. 176
Guillon (H.) Méthode de l'architecte en voitures. 175
— Traité complet de l'équipage. . . . 175

H.... (le chevalier d'). De l'Aurigie. . . 130
Hartman Shopper. De Omnibus illiberalibus
    sive mechanicis artibus. . . . 4

HAUTEROCHE. Le Cocher supposé. . . 33
HENRION. Encore un tableau de Paris. . . 115
HERVÉ. Le Voiturier, ... 176
HOLCROFT. Travels. 119
HONNÊTETÉ (l') des hauts de chausse. . 10
HORNN (Jean). The Narrative of Jean Hornn. . 129
HUGHES (W.) A Tour through France. . . 117
HUTH. Works on horses and equitation. . . 190
HUZARD. Instruction aux voituriers. . . 109

ILLUSTRATION (l'). 166
IMPOT (de l') sur les voitures et les chevaux. 180
INTRIGUE (l') des carrosses à cinq sols. . . 20

JAIME. Une course en fiacre. . . . 150
JANEL. Cahiers. 62
JOURDAN (F.). Les Voyages d'autrefois. . . 13
JOURNAL de Paris. 80
JOURNAL de poche. 119
JOURNAL des Haras. 146
JOURNAL historique de Verdun. . . . 45
JOURNAL polytype. 98
JOUHAUD (P.). Paris dans le dix-neuvième siècle. 121
JOUY (Étienne de). Le Franc-Parleur. . . 122
— L'Hermite de la Chaussée-d'Antin. . 121

KOCK (Paul de). La Grande ville. . . . 166
— Le Postillon franc-comtois. . . . 171

L.-D. Notions sur le dressage. . . . 170
LA BÉDOLLIÈRE (Émile de). Les Anglais peints
    par eux-mêmes. 161
LABORIE (M.). Réquisitoire dans l'affaire des
    Messageries. 160
LABOUISSE-ROCHEFORT (M. de). Promenade à
    Longchamps. 120
LA BRUYÈRE. Les Caractères. . . . 34
LA CHAPELLE (Jean de). Les Carrosses d'Orléans. 32

La Fontaine (Jean de). Fables choisies.	24
— Œuvres diverses.	24
La Grange (Nicolas de). Le Coche.	68
— Le Phaéton renversé.	57
La Londe. Œuvres diverses.	68
Laloue (Ferdinand). La Diligence attaquée.	133
— Le Roulier.	134
La Mésangère. Journal des meubles et objets de goût.	116
Lano (Pierre de). L'Amour à Paris sous le second empire.	194
La Pierre (de). Le Parfait cocher.	48
La Salle (Jouslin de). Le Coche d'Auxerre.	136
Le Bas (Ph.). France, dictionnaire encyclopédique.	168
Lebrun. Manuel du charron et du carrossier.	151
Lefort (H.) Le Cocher de cabriolet.	159
— Le Postillon de Mam' Ablou.	169
Le Normand. Annales de l'industrie nationale.	131
Le Pautre (Jean). Œuvres d'architecture.	17
Leroux (P.). Le Carrosse de M. Aguado.	170
— Encyclopédie nouvelle.	164
Lettre d'un Sicilien.	45
Lettres-Patentes du roi relatives aux voitures.	78, 88
Lhérie. Le Postillon de Lonjumeau.	155
Lister (Martin). A Journey to Paris.	39
Livret (le) des Omnibus.	166
Loir (frères). Desseins.	31
Longchamps. Poésies.	107
Longchamps. Satire.	103
Longfellow. Outre-Mer.	154
Loret (J.). La Muse historique.	20
Louis (Eugène). Recueil de voitures françaises.	133
Louptière (J. de la). Facétie.	79
M..... Le Petit Diable boiteux.	133
Machines et inventions approuvées par l'académie des sciences.	47
Magasin (le) pittoresque.	152
Mailhol (Gabriel). Le Cabriolet.	57

MAIRE (F.). Le Garçon d'écurie. . . . 162
MARÉCHALLE (M.). Le Cocher Bontemps. . 173
MARION (E.). La Sellerie et la Bourrellerie. . 183
MAROT (Daniel). Œuvres. . . . 44
MARVYE (Martin). Fête publique. . . . 51
MATHON. La Berline d'occasion. . . . 159
MÉLESVILLE. La Berline de l'émigré. . . 154
MEMORANDUMS of a residence in France. . 129
MÉNAGE (Gilles). Dictionnaire étymologique. 38
MERCIER (Pol). Les Cochers de Paris. . . 180
MERCIER (Sébastien). La Brouette du Vinaigrier. 75
— Le Nouveau Paris. 111
— Tableau de Paris. 91
MERCURE (le) de France. 103
MERCURE (le) de France littéraire. . . 122
MERCURE (le) universel. 170
MÉRIMÉE (Prosper). Théâtre de Clara Gazul. 149
MILLOTET (H.). Chariot de triomphe de Sainte
 Reine. 22
MODE (la). 147
MOLIÈRE. Les Femmes savantes. . . . 30
MONITEUR (le) illustré de la haute carrosserie. 173
MONMERQUÉ (M.). Les Carrosses à cinq sols. 21
MONNIER (Henry). Scènes populaires. . . 155
MONTAIGNE (Michel). Essais. . . . 5
MONTEPIN (X. de). Le Fiacre nº 13. . . 188
— Jean Jeudi. 188
MONTIGNY (le comte de). Comment acheter un
 cheval. 189
— Manuel des piqueurs. . . . 181
— Nouveau manuel de l'éducation du cheval. 188
MONTIGNY (Louis de). La Chaise de Poste. . 185
MOREAU. Le Courrier de Lyon. . . . 171
MOREAU, le jeune. Dessins de voitures. . . 77
MORNI (A.). Expériences sur le tirage des
 voitures. 162
— Expériences nouvelles sur le tirage des
 voitures. 165
MOTIONS (les) de Babouc. 104

NAJAC (E. de). Le Fiacre n° 117. 190
NARRATUS VIATOR. Vingt jours de route. . 149
NICHOLS (P.) Essai sur nos moyens de transport. 160
NIMROD. Opposition coaching in France. . . 157
NOUGARET (P.). Aventures parisiennes. . 120
NOUVEAU tableau de Paris au XIXᵉ siècle. . 153
NOUVEAUX tableaux de Paris. . . . 143

OBSERVATIONS sur le privilège des carrosses. 60
ORDONNANCES relatives aux voitures. . . 86, 98, 99
OMNIBUS (les). 186
O'REILLY. Annales des Arts et Manufactures. 115
ORIGINE (l') des cabriolets. 49

PANGLOSS (M.). La Diligence de Brives-la-
    Gaillarde. 158
PARIS-GUIDE. 183
PARFAIT (le) cocher. 50
PATIN (Guy). Lettres choisies. . . . 16
PATTU (J.-B.). Observations sur le mouvement
    des voitures. 143
PEIGUE (J.-B.). Exposé de la grande voirie. . 176
PICART (Bernard). Premier des carrosses du
    duc d'Orléans. 44
PLAN du promeneur dans Paris. . . . 136
POMPADOURE (Het) en cabriolette. . . 61
PRADEL (A. de). Le Livre commode des Adresses
    de Paris. 37
PRIEUR (L.). Voiture du sacre. . . . 88

RAMÉE (D.). La Locomotion. . . . 175
RAPPORTS de la délégation ouvrière (Exposition
    de Philadelphie). 187
— (Exposition de Vienne). . . . 186
RAPPORTS des délégués à l'Exposition de
    Londres. 182
REALITIES of Paris life. 178

Réaumur. Moyen de mettre les carrosses en état de passer par des chemins étroits. . 46
Revue de Longchamps. 131
Ricard (Auguste). La Diligence. 150
— Le Cocher de fiacre. 137
Robinson (H.). Chevaux de selle et d'attelage. 180
Rochefort. Le Départ d'une diligence. . . 133
Rochefort (Henri). Le Palefrenier. . . 188
Roland de la Platière. Dictionnaire des manufactures et des arts. 90
Rochette (Raoul). Le Cocher. . . . 136
Roqueplan. Parisine. 184
Roubo (A.-J.). L'Art du menuisier. . . 69
Rougemont (M. de). La Fille du cocher. . . 153
Rutledge (le chevalier). Premier et second voyage à Paris. 80
— La Quinzaine anglaise. 77

Saint-Épain (M. de). L'art de composer les livrées. 175
Sanderson. The American in Paris. . . 160
Sauger (G.). Sur le Mail-Coach. . . . 187
Sauval (H. de). Nouveau recueil de pièces agréables. 14
Sauvage (T.). Le Cocher de Napoléon. . . 149
Savary-Deslandes. Dictionnaire universel de commerce. 47
Scarron (Paul). Le Romant comique. . . 17
Scheffer (Jean). De Re vehiculari. . . . 25
Scudéry (Mlle de). Vie et correspondance. . 15
Ségur, le cadet. Le Cabriolet jaune. . . 115
Sévigné (marquise de). Lettres. . . . 25
Siraudin (P.). Pas une voiture. . . . 185
Sketch of a Fornight's Excursion to Paris. . 101
Souper (le) royal de Pontoise. . . . 18
Stell (A.). La Berline jaune. 172
Stewart. Économie de l'écurie. . . . 178
Storch (H.). Skizzen. 100
Sylvanus. Pedestrian and other reminiscences. 169

TALLEMANT DES RÉAUX. Historiettes.	16
TARDIF (A.). Scènes de Paris.	149
THÉAULIN. Le Boghey renversé.	122
THICKNESSE (Philip.). A Year's journey through France.	78
— Travelling Anecdotes.	87
THOMASSIN DE MONTBEL. La Diligence philosophique.	121
TIREL. La République dans les carrosses du roi.	172
TOURNEMINE (P). La Révolte des coucous.	158
TRIOMPHES (les) des Omnibus.	137
UNITÉ (l').	167
VANHUFFEL (E.). Guide des expéditeurs.	164
— Manuel des maîtres de postes.	160
— Traité du contrat de louage appliqué aux voituriers.	164
VARIÉTÉS historiques.	57
VANERVE (Louis). Dessein de carrosse d'ambassadeur.	52
VÉHICULES (les).	183
VÉLOCIFÈRE (M.). L'Amour au grand trot.	132
VÉLOCIFÈRE (le) de la gaîté.	123
Vœu d'un piéton.	104
WATIN (J.-F.). L'Art du peintre doreur et vernisseur.	72
WISMES (baron de). Les Chars aux diverses époques.	193

LISTE DES PLANCHES

I. La Coche royale de Marguerite d'Angoulême.
II. L'Intrigve des Carrosses à cinq sovs (fac-similé).
III. Le Miroir de l'Art et de la Nature.
IV. Machines approuvées par l'Académie des Sciences.
V. Le Parfait Cocher.
VI. Histoire de Guilleaume (fac-similé).
VII. Sellier (planche de l'*Encyclopédie*).
VIII. Berline (planche de Chopart).
IX. Calèche (planche de Roubo).
X. Equipage de Philip Thicknesse.
XI. Paris Diligence.
XII. Traîneau du comte d'Orsay *(Journal des Haras)*.
XIII. Scène familière *(le Charivari)*.
XIV. Phaëton de lord Henry Seymour *(l'Eleveur)*.
XV. Voiture du Sacre *(l'Illustration)*.
XVI. Demi-daumont de Mme Musard (Delton) (1).

(1) Nous avons indiqué à tort, d'après la légende d'un des recueils de Delton, cette demi-daumont comme étant celle de lord Pembroke.

Mamers. — Typographie G. Fleury et A. Dangin. — 1898.

MAMERS. — TYP. G. FLEURY ET A. DANGIN. — 1898.

www.ingramcontent.com/pod-product-compliance
Lightning Source LLC
Chambersburg PA
CBHW050318170426
43200CB00009BA/1372